AF204279

© 2021 Neuauflage, Rosa Hofer
Verlag & Druck: tredition GmbH, Halenreie 40-44,
22359 Hamburg

ISBN:
978-3-7497-3056-8 (Paperback)
978-3-7497-3057-5 (Hardcover)
978-3-7497-3058-2 (e-Book)

GEMEINDEN OHNE SEELSORGER

BAND I

EIN LEHR- UND TROSTBÜCHLEIN
FÜR
RÖMISCH-KATHOLISCHE CHRISTEN

Herausgegeben im Auftrag
von
BISCHOF KONRAD MARTIN, PADERBORN

Mit kirchlicher Approbation
Separat-Abdruck der Bonifacius-Broschüren
9. und 10. Heft, Vierte Auflage

Paderborn, 1875
Druck und Verlag der Bonifacius-Druckerei,
(J. W. Schröder)

INHALTSVERZEICHNIS

ERSTER TEIL

GEMEINDEN OHNE SEELSORGER

Einige katholische Gemeinden sind bereits ohne Priester, viele andere wird voraussichtlich bald dasselbe Los treffen. Mit banger Besorgnis blicken die Gläubigen in die Zukunft und fragen: „Wie sollen wir alsdann unser Seelenheil wirken, was wird aus unsern Kindern werden, wer wird die Kranken und Sterbenden trösten?" Ihnen antwortet der Herr selbst: „Fürchte dich nicht, du kleine Herde, denn es hat eurem Vater gefallen, euch das Reich zu geben." (Lk 12, 32). In dem heiligen katholischen Glauben besitzen wir das Unterpfand des ewigen Lebens. Wer den Glauben bewahrt und die Gebote hält, geht nicht verloren. Freilich bedürfen wir dazu der göttlichen Gnade, mit deren Ausspendung vorzugsweise das Priestertum betraut ist. Wenn aber die ordentlichen Gnadenspender fehlen, dann wird Gott in anderer, in außerordentlicher Weise seine Gnaden austeilen und zwar umso reichlicher, je größer die Not der Gläubigen ist.

Weil indes der Mensch mit der göttlichen Gnade mitwirken muß, so ist es notwendig, einige Verhaltungsmaßregeln zu kennen, welche in Ermangelung der Priester zu beobachten sind. Nach dem Vorgange der Schweizer Kirchenbehörde haben die vereinigten Oberhirten Preußens in ihrem gemeinschaftlichen Hirtenschreiben vom Februar 1874 und der hochwürdigste Bischof von Paderborn in seinem Abschiedsworte an seine Herde dieserhalb Weisungen erteilt. Gegenwärtiges Büchlein soll das dort Gesagte erläutern und vervollständigen. Dasselbe wird aber nicht bloß für den zunächst ins Auge gefaßten Zweck, sondern im größten Teile seines Inhaltes für alle Zeiten höchst wichtige Lehren enthalten. Lies es darum mit Aufmerksamkeit und bewahre es sorgfältig auf.

Vorab sei bemerkt, daß der uns drohende Notstand in der Geschichte der Kirche keineswegs unerhört ist. In den Heidenmissionen trifft er häufig ein, und auch sonst ist er schon oft dagewesen. Von den ersten Christenverfolgungen nicht zu reden, waren z. B. die Katholiken in England und Japan 200 Jahre lang fast aller Seelsorge beraubt, und dennoch ist dort das hl. Feuer des Glaubens nicht erloschen.

Mehrere Gemeinden in Norddeutschland sahen über 50 Jahre keinen Priester und blieben katholisch. Während der großen Revolution am Ende des vorigen Jahrhunderts waren die französischen Katholiken beinahe 6 Jahre lang ohne Priester. In Russisch-Polen erdulden die Katholiken schon lange die härtesten Drangsale für ihren Glauben, ja noch vor ganz kurzer Zeit ist dort Märtyrerblut geflossen, und zwar in Gemeinden, welche schon seit Jahren ihrer Priester beraubt sind. Und welch' herrliches Beispiel der Glaubensfestigkeit geben uns unsere katholischen Brüder im Schweizer Jura, deren sämtliche Pfarrer, 69 an der Zahl, von der Regierung vertrieben sind! Darum nur Mut, du treues katholisches Volk!

Vernehmen wir nun die Stimme unserer Oberhirten.

I. KAPITEL

„Stehet fest in Eurem heiligen katholischen Glauben, in Eurer Liebe und Treue gegen die heilige Kirche! Leidet und duldet lieber alles, als daß Ihr sie und ihre Lehren im Geringsten verleugnet!"

Den Glauben verleugnen heißt Christum verleugnen und sich von der ewigen Seligkeit ausschließen. „Wer mich vor den Menschen bekennt, den werde auch ich bekennen vor meinem Vater, der im Himmel ist. Wer mich aber vor den Menschen verleugnet, den werde auch ich verleugnen vor meinem Vater, der im Himmel ist." (Matth. 10, 32). Darum erduldeten Millionen heiliger Märtyrer lieber alle Qualen und den bittersten Tod, als daß sie vom Glauben abgefallen wären. Jetzt triumphieren sie ewig im Himmel!

Man darf den Glauben auch nicht zum Scheine verleugnen. In der Verfolgung des Decius kauften sich furchtsame Christen eine obrigkeitliche Bescheinigung, daß sie den Götzen geopfert hätten, obschon sie es in Wirklichkeit nicht getan. Sie wurden den förmlich Abgefallenen gleichgestellt, von der Kirche ausgeschlossen und erst nach jahrelanger öffentlicher Buße wiederaufgenommen. Katholiken! macht euch nicht einer ähnlichen Sünde schuldig durch die Unterzeichnung von Adressen oder sonstigen Schriftstücken, in denen Grundsätze des katholischen Glaubens offen oder versteckt geleugnet werden! Laßt euch kein Zeugnis ausstellen, daß ihr dem Götzen des Zeitgeistes geopfert! „Was nützt es dem Menschen, wenn er die ganze Welt gewinnt, an seiner Seele aber Schaden leidet!" (Matth. 16, 26).

Als dem greisen Eleazar von einigen Freunden geraten wurde, sich den Anschein zu geben, als ob er von dem verbotenen Fleische gegessen, sprach er: „Es ist nicht würdig unsers Alters zu heucheln, so daß viele der Jüngeren in der Meinung, der neunzigjährige Eleazar sei zur

Lebensweise der Fremdlinge übergetreten, sich durch meine Verstellung täuschen lassen und ich hierdurch Schande und Fluch meinem Alter zuziehe." Und er litt standhaft den Märtyrertod. 2 Machab. 6. Katholiken! Die Beobachtung der Kirchengebote, insbesondere des Fasten- und Abstinenzgebotes, ist unter Umständen ein Glaubensbekenntnis, ihre Übertretung eine Glaubensverleugnung. Merkt es euch!

II. KAPITEL

„Von einem Priester, der mit Eurem Bischofe und dem obersten Hirten der Kirche keine Gemeinschaft hat, haltet Euch fern!"

Die Gemeinschaft in religiösen Dingen mit Häretikern und Schismatikern d. i. mit den durch Irrlehre oder Spaltung von der Kirche Getrennten ist strenge verboten. Sie schließt eine mittelbare Glaubensverleugnung, die Gefahr des Abfalls und ein Ärgernis für die Gläubigen in sich. Der Katholik darf also nicht an dem Gottesdienst einer Sekte teilnehmen, vor ihren Geistlichen keine Ehe eingehen, von denselben keine Sakramente empfangen, seine Toten von ihnen nicht beerdigen lassen.

Dieses Verbot gilt unter allen Umständen, auch wenn es sich um die nächste Familie, um Verwandte, Freunde oder Vorgesetzte handelt. Hätte z. B. der Mann, der Vater sich einer Sekte angeschlossen, so dürften die Frau, die Kinder ihn unter keiner Bedingung zum Gottesdienste der Sekte begleiten. Dasselbe gilt, wenn in der Familie oder Bekanntschaft durch einen unrechtmäßigen Geistlichen ein sakramentaler Akt vollzogen, oder für einen Abgestorbenen ein Totenamt gehalten würde. (Die Begleitung eines protestantischen Verstorbenen zum Kirchhof wird als bürgerliche Handlung angesehen und ist erlaubt, weil Niemand daraus auf eine Gemeinschaft im religiösen Bekenntnis schließen kann.)

Sollten aus der Beobachtung dieses kirchlichen Verbotes etwa in der Familie Unannehmlichkeiten hervorgehen, so erinnere man sich an

Jesu ernstes Wort: „Wer Vater oder Mutter mehr liebt, als mich, der ist meiner nicht wert; und wer Sohn und Tochter mehr liebt, als mich, der ist meiner nicht wert." (Matth. 10, 37.)

Die hl. Barbara erduldete des Glaubens wegen von ihrem heidnischen Vater die schwersten Mißhandlungen. Zuerst sperrte er sie in einen Turm, dann schleppte er sie vor Gericht, und da sie durch keine Worte zum Abfall zu bringen war, schlug der unnatürliche Vater ihr mit eigener Hand das Haupt ab. Ein Blitzstrahl streckte ihn auf der Stelle tot zu Boden. – Der hl. Hermenegild, ein Königssohn, hatte sich zum katholischen Glauben bekehrt. Sein Vater, ein fanatischer Arianer, schloß ihn von der Thronfolge aus und ließ ihn in einem Kerker in eiserne Bande legen. Als das Osterfest heranrückte, schickte er einen arianischen Bischof zu ihm ins Gefängnis, damit er aus dessen Händen die Kommunion empfange und dadurch die väterliche Gunst sich wieder erwerbe. Der königliche Jüngling jedoch wies den Bischof mit dem gottlosen Antrage ab und erlitt noch in derselben Nacht den Martertod.

Im 16. Jahrhundert erließ in England die grausame Königin Elisabeth ein Gesetz, daß alle Katholiken sonntags dem protestantischen Gottesdienst beiwohnen sollten: die es nicht taten, hatten monatlich 20 Pfund Sterling d. i. nach unserem Gelde 400 Mark Strafe zu zahlen! Und doch durften die Katholiken nach einer Entscheidung des Papstes Paul V. dem Gesetz keine Folge leisten, selbst nicht unter dem Vorbehalte, daß die Teilnahme eine rein äußerliche sein sollte. Zur Zeit der französischen Revolution erklärte Pius VI. die Teilnahme an der vor einem eingedrungenen Geistlichen vorgenommenen Taufhandlung für unerlaubt.

Bemerkung: Weil der im Sakramente der Weihe der Seele aufgedrückte unauslöschliche Charakter auch im abgefallenen Priester bleibt, so kann derselbe in der Messe noch Brot und Wein wahrhaft konsekrieren, sofern er alles richtig macht.[1] Aber unser römisch-katholischer Glaube lehrt, daß

_____

[1] Im 16. Jahrhundert behielten viele abgefallene Geistliche, um das Volk zu täuschen, längere Zeit die Messe dem Äußeren nach ganz bei, ließen aber die

eine solche Meßfeier kein Gottesdienst sondern ein Gottesraub sei, nicht eine unblutige, sondern gewissermaßen eine blutige Erneuerung des Kreuzesopfers, nicht eine Quelle des Segens, sondern eine Quelle des Verderbens für den Darbringer, wie für die Teilnehmer. Die von einem solchen Priester in der Beichte erteilte Lossprechung hingegen ist nicht allein unerlaubt, sondern auch ungültig, null und nichtig; denn dieselbe ist nicht bloß eine sakramentale, sondern zugleich eine richterliche Handlung, zu deren Gültigkeit außer der Weihe noch eine besondere Bevollmächtigung (Approbation) erfordert wird, weshalb auch das 4. Kirchengebot bestimmt: „Du sollst zum wenigsten einmal im Jahre einem verordneten Priester deine Sünden beichten." Ein abgefallener oder vom Beichthören suspendierter Priester besitzt diese Approbation nicht mehr und kann deshalb nicht mehr gültig absolvieren. So kann auch ein abgesetzter weltlicher Richter kein rechtskräftiges Urteil mehr fällen. Daß ein von der Kirche getrennter Bischof diese wie andere geistliche Vollmachten nicht erteilen kann, ist selbstverständlich nach katholischer Lehre und dem Grundsatze: „Niemand gibt, was er selbst nicht hat." Ebensowenig kann die geistliche Gewalt seitens des Patrons oder der Gemeinde verliehen werden. Nach dem Kirchenrechte können der Patron und die Gemeinden, welche ein Wahlrecht besitzen, nur dem rechtmäßigen kirchlichen Obern eine geeignete Persönlichkeit vorschlagen, nicht aber können sie ihrem Kandidaten das geistliche Amt übertragen; eine solche anmaßliche Verleihung wäre null und nichtig, der Priester aber, welcher sie aus den Händen von Laien annehme, würde der Exkommunikation verfallen und jeder geistlichen Jurisdiktion entbehren.

Sollte daher jemals an den Katholiken die Frage herantreten, von welchem Priester er die Sakramente empfangen wolle, so würde er mit dem hl. Kirchenvater Hieronymus antworten: **„Wer es mit dem Stuhl Petri hält, der ist mein Mann!"**

Wandlung aus. So hat man damals das Volk um seinen Glauben betrogen!

III. KAPITEL

„Stärket Euch dann gegenseitig im Glauben!"

Um im Glauben stark zu bleiben, muß man zunächst alles meiden, was den Glauben schwächt. Dahin gehört der vertraute Umgang mit unkirchlich gesinnten Personen. Durch solchen Umgang wird eher zehnmal ein Gläubiger verführt, als einmal ein Ungläubiger bekehrt. Dahin gehört auch namentlich das Lesen kirchenfeindlicher Zeitungen. Wie viele, die am Glauben Schiffbruch gelitten, haben dieses Unglück ihrer die Kirche unausgesetzt bald offen bald verdeckt anfeindenden Zeitung zuzuschreiben! Aber es drohen noch andere Gefahren. Ja, nimm dich in acht, katholisches Volk! Es werden vielleicht Wanderprediger kommen: höre sie nicht an! Man wird Tractätlein, Broschüren, Bücher umsonst oder für ein Billiges anbieten: kaufe sie nicht, und wenn sie dir ohne dein Wissen ins Haus gebracht sind, dann sofort ins Feuer mit ihnen! Laß dich durch den Titel nicht täuschen, wenn es da heißt: „Von einem katholischen Priester. Mit bischöflicher Approbation." Überzeuge dich erst, ob das Buch von einem römisch-katholischen Priester verfaßt, von einem römisch-katholischen Bischof approbiert ist.

Um einander im Glauben zu stärken, müssen die Gläubigen sich gegenseitig durch einen frommen Lebenswandel erbauen und sich enge zusammenschließen. Rauschende Festlichkeiten schicken sich bei der gegenwärtigen Bedrängnis überhaupt nicht, am allerwenigsten aber in solchen Gemeinden, welche über den Verlust ihrer Hirten zu trauern haben. In geselligen Zusammenkünften aber möge man sich wechselseitig trösten, ermuntern, stärken. Bei Krankheits- und Unglücksfällen müssen Freunde und Nachbarn nach Möglichkeit die Stelle des Priesters vertreten. Sollte jemand des Glaubens wegen Nachteil erleiden oder gar Amt und Brot verlieren, dann müssen seine Glaubensbrüder ihm durch Unterstützungen,

Zuwendung von Arbeit usw. zu Hilfe kommen. Der Glaube muß ein lebendiger, der Glaubensbund zugleich ein Liebesbund sein. „Daran werden alle erkennen, daß ihr meine Jünger seid, wenn ihr euch einander liebt." (Joh. 13, 35)

IV. KAPITEL

„Erziehet und unterrichtet dann, christliche Eltern, Eure Kinder mit verdoppelter Sorgfalt im katholischen Glauben, damit sie in demselben treu verharren!"

O Eltern, nehmet diese Mahnung der Oberhirten tief zu Herzen! Die starke Eiche steht fest im Sturme, die zarten Pflänzchen werden leicht geknickt. Seid darum euren Kindern treue Wächter. Hütet sie vor schlechter Gesellschaft, beobachtet ihren und der Dienstboten Umgang, duldet keine gefährlichen Zusammenkünfte. Vermietet eure Kinder nicht in Häuser, wo ihrem Glauben oder ihrer Unschuld Gefahr droht.

Seid ihnen auch Lehrer. Unterrichtet sie in den Wahrheiten unserer heiligen Religion und zwar um so sorgfältiger, wenn der in der Schule erteilte Religionsunterricht euch Grund zu Besorgnis geben sollte. Lehret eure Kleinen die notwendigen Glaubensstücke und Gebete, erzählt ihnen aus der biblischen Geschichte von der Erschaffung der Welt, vom Sündenfall, vom lieben Heilande usw. Lasset die Größeren fleißig den Katechismus lernen, überhöret sie und erklärt ihnen das Gelernte, so gut ihr es vermöget.[2] An Sonn-

---

[2] Sehr gute Dienste würde hierbei ein katechetisches Handbuch leisten, etwa die Erklärung des kleinen und mittleren Katechismus von Dr. J. Schmitt oder das kürzere Handbuch von P. Deharbe. Mehrere Nachbarn könnten sich gemeinschaftlich ein solches Buch anschaffen.

und Feiertagen versammle der Hausvater alle Hausgenossen um sich, um ihnen aus der Handpostille, dem Leben der Heiligen oder aus einem anderen Erbauungsbuch einen Abschnitt vorzulesen oder vorlesen zu lassen.

Vor allem haltet eure Kinder zum Gebete an und gebt ihnen darin selbst ein gutes Beispiel. Christliche Mutter! Laß deine Kinder des Morgens in deiner Gegenwart niederknien und ihr Morgengebet verrichten, läßt sie des Abends nicht ohne Gebet zu Bette gehen!

V.   KAPITEL

„So lange Ihr dann, liebe Diözesanen, Gelegenheit habt, bei einem rechtmäßigen Priester die heilige Messe zu hören und die heiligen Sakramente zu empfangen, so tut es umso eifriger und scheut keine Beschwernis und Widerwärtigkeit!"

Die Kirchengebote verpflichten so lange, als ihre Erfüllung nicht physisch oder moralisch unmöglich wird. Wenn also eine Gemeinde verwaiset ist, in der Nachbarschaft aber noch Priester weilen, so müssen jene Gläubigen, soweit keine rechtliche Verhinderung vorliegt, dort des Sonntags die hl. Messe hören, die hl. Sakramente der Buße und des Altars namentlich um die österliche Zeit empfangen, ihre Ehen abschließen, ihre Kinder taufen lassen. Ist der Weg weit und beschwerlich, dann wird auch der Lohn umso größer sein.

Wenn in der Nähe kein rechtmäßiger Priester sich mehr aufhält, dann macht es vielleicht die Post oder Eisenbahn möglich, wenn auch nicht allsonntäglich, so doch an höheren Festen eine entferntere katholische Kirche zu besuchen, dort das Osterfest zu halten, eine Ehe einsegnen zu lassen. Ein Geldopfer für eine so große Sache darf nicht gescheut werden; der mit zeitlichen Gütern

Gesegnete möge seinem dürftigen Mitbruder eine Beihilfe nicht versagen.

Ähnlich wie unsere Oberhirten spricht sich die für die Schweizer Katholiken erlassene Kirchenverordnung aus: „In den Grenzgemeinden (das Jura-Gebiet grenzt an Frankreich) hat das Volk den katholischen Gottesdienst im Nachbarland zu besuchen und die Seelsorge der dortigen Geistlichen möglichst zu benutzen."

VI. KAPITEL

„**Erbaut Euch lieber gegenseitig, Ihr christlichen Hausväter, Hausmütter und Hausgenossen, durch gemeinsames Gebet und heilige Lieder und Gesänge, ehe Ihr Euch an sakrilegischen Gottesdiensten beteiligt.**" (Bischof v. Paderborn)

„**In den inneren Gemeinden wird, falls kein römisch-katholischer Priester daselbst wohnen darf, das Volk zu den gewohnten Gottesdienststunden die provisorischen Lokale besuchen und daselbst Gebetsversammlungen halten. Die Vorstände der katholischen Vereine leiten dieselben.**" (Schweizer Kirchenverordnung)

Wenn in einer Gemeinde kein öffentlicher (römisch-katholischer) Gottesdienst mehr gehalten wird, dann muß umso mehr die Hausandacht gepflegt werden, also gemeinschaftliches Morgen- und Abendgebet, Lesungen aus der Handpostille, dem Leben der Heiligen, Rosenkranz usw. Täglich werde Glaube, Hoffnung und Liebe nebst Reue und Leid gebetet.

An die Stelle des sonst vom Priester gehaltenen öffentlichen

22

Gottesdienstes tritt Laien-Gottesdienst[3]. An Sonn- und Feiertagen versammeln sich diejenigen, welche nicht auswärts dem
kirchlichen Gottesdienste beiwohnen können, in ihrer Kirche oder,
wenn die Benutzung der Kirche unmöglich ist, an einem andern
geeigneten Orte. Einer von den Männern (vgl. 1 Kor. 14,34) wird die
Versammlung leiten. Man wechselt ab mit Gesang, Gebet und
geistlicher Lesung. Des Morgens kann im Anschluß an alle heiligen
Messen, welcher zur selben Stunde an andern Orten gefeiert
werden, die vollständige Meßandacht gehalten werden. Nach dem
Glaubensbekenntnis — schön wäre es, wenn die ganze Gemeinde
dasselbe laut betete — wird vom Vorsteher der Versammlung die
Epistel und das Evangelium des Tages vorgelesen, wozu eine
Erklärung ans der Handpostille oder aus einem approbierten
Predigtwerke eine Predigt beigefügt werden kann. Mit dieser
Andacht werden Fürbitten verbunden für das allgemeine Anliegen
der Christenheit, für die bedrängte Kirche, für die abwesenden
Bischöfe und Priester; für die Gemeinde, daß alle ihre Mitglieder
feststehen mögen im Glauben und in der Liebe und Gnade Gottes,
daß sie bald wieder einen Hirten erhalte, wobei der Kirchenpatron
und die Heiligen, deren Reliquien in dem Altare (resp. Altären) der
Kirchen sind, besonders angerufen werden mögen; endlich Gebete
für die Kranken, die Sterbenden und Abgestorbenen.

Beim Nachmittags-Gottesdienst kann mit dem Rosenkranze und
den in der Gemeinde üblichen Bruderschafts-Andachten abge-
wechselt werden. Dringend ist von den Oberhirten die Andacht
zum göttlichen Herzen Jesu empfohlen. Wo ein Kreuzweg errichtet

---

[3] An Sonn- und Feiertagen müssen aus den gesperrten Gemeinden alle, welche
in der Nachbarschaft einer hl. Messe beiwohnen können, die hl. Messe in der
Nachbarschaft hören und dürfen sich nicht mit dem Laiengottesdienst
begnügen!

ist, werde er fleißig nicht nur privatim, sondern auch öffentlich und gemeinschaftlich besucht. „Wanket niemals, so mahnen uns die Oberhirten, in Eurem Vertrauen auf Gott und setzt alle Eure Hoffnung auf das Gebet! Flüchtet in dieser Zeit, wo wir in der Welt keine Hilfe finden, zum göttlichen Herzen Eures Heilandes, der die Welt überwunden hat und uns nicht verläßt; dasselbe ist eine unüberwindliche Burg und eine immer offenstehende Zuflucht in jeder Not. Diesem göttlichen Herzen voll Liebe und Erbarmen empfehlen, widmen und weihen wir uns und alle unsrer Obsorge anvertrauten Seelen für immer und alle Zeit, für Zeit und Ewigkeit. Fliehet zur Mutter der Barmherzigkeit und rufet an die mächtige Fürbitte aller unserer verklärten Brüder und Beschützer, die am Throne Gottes stehen, damit die Tage der Trübsal abgekürzt werden. Betet insbesondere, daß Gott, der alles vermag, denjenigen, die uns und unseren Glauben so sehr verkennen, die rechte Kenntnis verleihen und ihre Herzen zum Frieden lenken wolle, damit wir wieder, wie unsere Väter und wir selbst in besseren Tagen, in Sicherheit und Frieden nach unserem hl. Glauben leben können."

Wie im Schweizer Jura, so ist zur Zeit auch bereits in verschiedenen Gemeinden unseres Vaterlandes Laien-Gottesdienst eingeführt. Die Gemeinde hält ihren sonn- und festtäglichen Gottesdienst ganz in der Weise wie bisher, nur der Priester fehlt. Zur bestimmten Stunde läuten die Glocken. Unter Orgelbegleitung wird ein Amt gesungen mit Einfügung von Gebeten. Nach dem Evangelium tritt ein Mann hervor und verliest die betreffende Epistel und das Evangelium, dann wird das Amt fortgesungen bis zur Wandlung, die Schellen und Glocken geben die üblichen Zeichen und die Gläubigen beten andächtig den Heiland an, wenn er auch sakramentlich nicht zugegen ist, und so geht es in gewohnter Weise fort bis zum Schlusse. Ebenso werden die Nachmittags- und Abendandachten ganz wie früher gehalten.
Von einer Gemeinde wird folgendes berichtet: „Die Pfarrangehörigen, ihres Seelsorgers beraubt, helfen sich in einer recht sinnigen Weise. Jeden Morgen verrichten die Kinder ihr Morgengebet in der Kirche, an

welchem auch noch viele Andächtige teilnehmen. Abends versammelt sich ein großer Teil der Gemeinde zum gemeinsamen Nachtgebet am Missionskreuze.

An Sonn- und Feiertagen begibt sich ein Teil der Gemeinde-Mitglieder in die nächstliegenden Pfarreien, um eine hl. Messe zu hören. Die andern halten ihre Andacht unter Absingen der gewöhnlichen Messelieder in der Kirche, indem sie im Geiste den heiligen Messen beiwohnen, welche an nicht gesperrten Orten gefeiert werden. Nachmittags aber werden die gewöhnlichen Andachten, natürlich ohne Priester, gehalten."

VII.   KAPITEL

„Wenn rechtgläubige kirchentreue Priester Euch fehlen, so lasset die Taufe Eurer Kinder von gläubigen Laien vollziehen." (Bischof von Paderborn)

„Die Taufe darf von Laien gespendet werden." (Schweizer Kirchenverordnung)

Nach Lehre unserer hl. Kirche ist die von einem Laien, ob Mann oder Weib, Katholik oder Irrgläubiger, Christ oder Nichtchrist, richtig gespendete Taufe gültig und im Falle der Not auch erlaubt, ja geboten. Zur gültigen Spendung des Sakramentes sind aber drei Stücke erforderlich:

1) daß man die rechte Materie und
2) die rechte Form anwende,
3) daß man die Absicht habe, zu tun, was die Kirche tut.

1. Die **Materie** der Taufe ist gesegnetes Taufwasser, in Ermangelung

desselben Weihwasser[4] und wenn keins von beiden zu haben ist, gewöhnliches, reines natürliches Wasser. Eine mit künstlichem Wasser (z. B. Rosenwasser) erteilte Taufe wäre ungültig.

2. Die **Form,** d. i. die Worte, mit welchen die Taufe erteilt wird, lautet: „Ich taufe dich im Namen des Vaters und des Sohnes und des Heiligen Geistes." Es darf nichts ausgelassen werden. Spräche der Taufende z.B. nur: „Im Namen des Vaters...," mit Auslassung der wesentlichen Worte: „Ich taufe dich" – so wäre die Taufe ungültig. Das Wörtchen „Amen" wird hier nicht beigefügt.

Die **Materie** und **Form** müssen richtig miteinander verbunden werden. Ein und dieselbe Person muß das Wasser aufgießen und die Worte sprechen. Ungültig wäre es, wenn eine Person bloß das Wasser aufgösse und eine andere dabei die Taufformel sagte. Das Aufgießen und Aussprechen muß **gleichzeitig** geschehen, so daß beides eine einheitliche Handlung bildet. Wollte man erst das Wasser aufgießen und dann nach einer merklichen Unterbrechung die Worte sprechen, so wäre die Taufe ungültig.

3. Die **Meinung.** Der Taufende muß die Meinung haben, zu tun, was die Kirche tut. Diese Meinung braucht im Augenblicke der

---

[4] Wenn kein Priester da ist, um neues Tauf- resp. Weihwasser zu segnen, dann kann man das vorhandene dadurch vermehren, daß man eine geringere Menge d.h. weniger als die Hälfte ungesegnetes Wasser hinzuschüttet. Der kleinere Teil folgt dem größeren und nimmt an der Segnung desselben Anteil, das Ganze ist dann Tauf- oder Weihwasser. Dieses Verfahren kann man nach und nach öfters wiederholen; wenn man in jedem einzelnen Falle weniger als die Hälfte zugießt, so behält man stets Tauf- resp. Weihwasser, mag auch am Ende die Menge des vor und nach zugegossenen ungesegneten Wassers mehr betragen, als das ursprünglich vorhandene gesegnete Wasser.

Handlung nicht ausdrücklich erweckt zu werden, sondern es genügt, daß sie vorher erweckt worden und der Kraft nach noch fortdauert. Es genügt überhaupt der Wille, das Sakrament der Taufe zu erteilen, da hierin von selbst die Absicht eingeschlossen ist, zu tun, was die Kirche tut.

Die **Taufhandlung.** Zur Vorbereitung kann die Litanei von der Allerheiligsten Dreifaltigkeit oder vom süßen Namen Jesus gebetet werden. Der Pate oder die Patin hält das Kind bei der Taufe, während der Nebenpate die rechte Hand auf dasselbe legt.

Der Taufende nimmt das Gefäß mit Tauf- resp. Weih- oder natürlichem Wasser, gießt aus demselben dreimal über den Kopf des Kindes in Form eines Kreuzes und spricht während des Aufgießens **einmal** langsam, deutlich und aufmerksam die Worte:

„**N.** (hier nennt er den Namen des Kindes) **Ich taufe dich im Namen des Vaters ✝** (hier gießt er zum ersten Male) **und des Sohnes ✝** (hier gießt er zum zweiten Male) **und des Heiligen ✝ Geistes"** (hier gießt er zum dritten Male).

Eine **dreimalige** Aufgießung und die Kreuzform ist zwar zur Gültigkeit nicht erforderlich, aber von der Kirche vorgeschrieben. Das Wasser muß die Haut des Kopfes oder die Stirn berühren und abfließen. Ist es Tauf- oder Weihwasser, so wird es in einem Gefäß aufgefangen und ins Feuer geschüttet.

Nach der Taufe folgt als **Danksagung** etwa die Litanei von allen Heiligen. Sehr passend kann bei dieser Gelegenheit von allen Anwesenden der Taufbund erneuert werden. Der Name des Kindes, Tag und Stunde der Geburt, Name und Wohnort der Eltern, Tag der Taufe, der Name des Taufenden und der Paten sind sorgfältig aufzuzeichnen.

In jeder Gemeinde werden einige Männer zu bestimmen sein, welche die Gebetsversammlungen leiten, taufen und beerdigen, ähnlich wie die Katechisten in den Heiden-Missionen. Das Taufen ist sorgfältig einzuüben. Wo die Schicklichkeit es erfordert oder ein unterrichteter Mann sich nicht findet, taufe die Hebamme. Der Vater oder die Mutter dürfen ihr Kind nur im äußersten Notfalle selbst taufen. Zu Paten darf man nur solche Personen nehmen, welche (in Ermangelung der Eltern) für die sittliche und religiöse Erziehung des Kindes volle Bürgschaft bieten. Wenn gegründete Zweifel obwalten, ob eine Taufe gültig erteilt worden, so ist dieselbe bedingungsweise zu wiederholen: man tauft wie gewöhnlich, spricht aber dabei die Worte: „N., wenn du nicht getauft bist, taufe ich dich im Namen des Vaters und des Sohnes und des Heiligen Geistes."

VIII. KAPITEL

„Bestattet selbst Eure Verstorbenen unter Gesang und Gebet." (Bischof von Paderborn)

„Im Todesfalle ist Zivil-Beerdigung nachzusuchen und der Staatspastor fern zu halten." (Schweizer Kirchenverordnung)

Die Leidtragenden begleiten den Sarg zum Gottesacker. Ein Kreuz eröffnet den Zug. Unterwegs wird für den Verstorbenen gebetet. Nach der Einsenkung wird für seine Seelenruhe ein Gebet gesprochen, hierauf für alle, die auf dem Gottesacker ruhen, und zuletzt um eine glückselige Sterbestunde für denjenigen aus der Versammlung, den der Herr zuerst abberufen wird. Am Grabe, wie auch vorher auf dem Wege dorthin kann ein Lied gesungen werden. An Stelle der Seelenmesse wird für den Verstorbenen entweder gleich nach der Beerdigung eine Gebetsversammlung gehalten oder andernfalls wird seiner bei dem gemeinsamen Gottesdienst besonders gedacht. Auf solche Weise finden die Angehörigen Trost und der Verstorbene Ersatz für den Mangel der kirchlichen Feierlichkeiten.

IX.   KAPITEL

„Was die kirchliche Einsegnung Eurer Ehen betrifft, so wartet
auf die Weisungen, die ich Euch desfalls, wenn ich vom Heiligen
Stuhle dazu ermächtigt sein werde, seiner Zeit werde bekannt
machen lassen." (Bischof von Paderborn)

Über diesen wichtigen Punkt kann schon jetzt im Allgemeinen
folgendes gesagt werden.

Das **Wesentliche** der Eheschließung besteht in der beiderseitigen
ungezwungenen, überlegten Einwilligung der Brautleute, daß sie
einander gegenwärtig zur Ehe nehmen. Damit aber die **Ehe gültig**
sei, muß sie unter Beobachtung der von der Kirche für ihre
Gültigkeit festgesetzten Bedingungen abgeschlossen werden.
Denn der hl. Paulus sagt: „Es ist dieses (die Ehe) ein großes
Sakrament, ich sage aber: **in Christo und in der Kirche.**" (Eph. 5, 32)
Die sog. Zivilehe ist keine kirchlich-gültige Ehe, sondern hat bloß
bürgerliche Wirkung. Die Kirche verlangt nun zur Eheschließung:

1)   daß zwischen den Brautleuten **kein Ehehindernis** obwalte
oder, wenn ein solches vorhanden, daß es vorher durch kirchliche
Dispens gehoben sei;

2)   daß die Brautleute ihre beiderseitige Einwilligung in die
Ehe in Gegenwart des eigenen **Pfarrers und zweier Zeugen**
erklären.

Ad. 1 Ehehindernisse
Es gibt verbietende und trennende Ehehindernisse: letztere lassen
keine gültige, erstere zwar eine gültige, aber keine erlaubte Ehe
entstehen.

Zu den **verbietenden** Ehehindernissen gehören:

1) Die geschlossene Zeit, welche vom ersten Adventssonntage bis zum Feste der hl. Drei Könige und von Aschermittwoch bis zum ersten Sonntag nach Ostern einschließlich reicht. Während dieser Zeit sollen keine Hochzeiten gefeiert werden.

2) Das einfache Gelübde ewiger Keuschheit, das Gelübde in einen Orden zu treten, das Gelübde einer höheren Weihe zu empfangen, das Gelübde nicht zu heiraten. Es wird hierbei aber ein wirkliches Gelübde, nicht ein einfacher Vorsatz vorausgesetzt. Man muß also die überlegte Absicht gehabt haben, ein Gelübde zu machen, d.h. Gott etwas zu geloben, wozu man sonst nicht verpflichtet ist und wozu man sich nun selbst aus freien Stücken unter einer Sünde verpflichtet.

3) Das Verlöbnis mit einer anderen Person, so lange dasselbe noch verpflichtet.

4) Die Verschiedenheit des christlichen Bekenntnisses (gemischte Ehen).

Zu den **trennenden** Ehehindernissen gehören:

1) Eine noch bestehende Ehe. Ein Ehegatte darf niemals bei Lebzeiten des andern Teils eine neue Ehe eingehen, weil die Ehe unauflöslich ist.

2) Die Blutverwandtschaft bis zum vierten Grade in der Seitenlinie. Zwei Personen sind unter sich in demselben Grade verwandt, in welchem sie mit dem gemeinsamen Stamme verwandt sind. Zum Bsp. Kinder von Geschwistern sind mit den Großeltern und darum auch unter sich im 2. Grade verwandt; Enkel von verschwisterten Großeltern sind im 3., Urenkel von verschwisterten Urgroßeltern im 4. Grade verwandt; jemand ist mit dem Kinde seines Bruders, seiner Schwester im 2., mit dem Kinde von dem

Bruder, von der Schwester seines Großvaters oder seiner Großmutter im 3. Grade verwandt.

3) Die Schwägerschaft und zwar die eheliche bis zum vierten, die außereheliche bis zum zweiten Grade. Bei jener kann der Mann Blutsverwandte der verstorbenen Frau und umgekehrt bis zum vierten, bei dieser kann der eine Teil Blutsverwandte des andern Teils (mit welchem er gesündigt) bis zum zweiten Grade nicht heiraten. Dagegen steht einer Ehe zwischen Blutsverwandten des einen Eheteils mit Blutsverwandten des andern z.B. zwischen dem Bruder des Mannes und der Schwester der Frau nichts entgegen.

4) Die geistliche Verwandtschaft. Es kann der Taufende und der Taufpate mit dem Täufling und dessen Eltern, der Firmpate mit dem Firmling und dessen Eltern keine Ehe eingehen. Für die Taufpaten entsteht die geistliche Verwandtschaft nur aus der feierlichen Taufe, also weder aus der Nottaufe noch aus den nachträglich vorgenommenen Zeremonien; auch entsteht sie nur für die Taufpaten, nicht für ihre Stellvertreter.

Aus wichtigen Gründen kann die Kirche (Papst oder Bischof) von vorstehenden Ehehindernissen dispensieren. Würden zwei Personen ohne Dispens mit einem verbietenden Ehehindernis sich verheiraten, so wäre die Ehe zwar gültig, aber sie hätten gesündigt; würden sie ohne Dispens mit einem trennenden Ehehindernis sich verbinden, so wäre die Verbindung gar keine Ehe, sondern ein Konkubinat.

Ad 2. Erklärung der Einwilligung vor dem Pfarrer und zwei Zeugen

Dieselbe ist vom Konzil zu Trient vorgeschrieben worden und heißt deshalb die Tridentinische Form der Eheschließung.

1. Der Pfarrer muß der eigene Pfarrer sein: dies ist er dann, wenn wenigstens einer der Brautleute in seiner Pfarrei wohnt. Wäre derselbe an der Seelsorge verhindert, aber noch (durch eine Reise) bequem zu erreichen, so könnten die Brautleute sich zu ihm begeben.

2. Mit Erlaubnis des Bischofs oder Pfarrers kann die Ehe vor einem anderen Priester eingegangen werden.

3. Vor einem Geistlichen, welcher nicht kirchlicherseits, sondern bloß durch die weltliche Obrigkeit als Pfarrer angestellt ist, können keine kirchlich gültigen Ehen geschlossen werden.

So lange es irgend möglich ist, muß ein römisch-katholischer Priester aufgesucht werden. Könnte einer der beiden Teile die Reise nicht machen, so wäre es gestattet, daß derselbe seine Einwilligung durch einen Stellvertreter (Prokurator) erklären läßt oder sie selbst schriftlich abgibt etwa mit den Worten: „Ich N.N. nehme den N.N. zu meinem Mann und übergebe mich ihm zur Frau."
Wie aber, wenn ganze Gegenden ohne Priester wären und auch durch eine Reise ein Priester nicht erreicht werden könnte? Auch dafür ist Rat. Aus wichtigen Gründen nämlich kann der Papst von der Anwendung der Vorschrift des Tridentinischen Konzils dispensieren und gestatten, daß auch ohne Gegenwart eines Priesters eine gültige Ehe abgeschlossen werde.

Zur Zeit der schon erwähnten Revolution in Frankreich war daselbst die kirchliche Einsegnung der Ehen durchweg unmöglich. Die meisten Priester waren verjagt, viele ermordet, nur wenige hielten sich noch hier und da versteckt. An die schismatischen Staatspastöre durften die Gläubigen sich nicht wenden (vgl. Nr. 3.) Da erließ Pius VI. im Jahre 1793 ein Reskript, worin es heißt: „Da die Mehrzahl der dortigen Gläubigen einen rechtmäßigen Pfarrer überhaupt nicht haben kann, so werden die von ihnen vor Zeugen, ohne Gegenwart eines Pfarrers, eingegangenen Ehen, sofern nichts anderes (d.i. kein Ehehindernis) im Wege steht, sowohl gültig als auch erlaubt sein, wie von der hl. Kongregation der

Ausleger des Konzils von Trient wiederholt erklärt worden ist."

Die vom Papste hier erwähnte Kongregation (S. Congretatio Cardinalium Concilii Trid. Interpretum) erklärte z.B. am 26. Sept. 1602: „Wenn eine Pfarrkirche vakant, also ohne Pfarrer , und ebenso die Kathedralkirche ohne Bischof und Kapitel ist, welche die Vollmacht haben, einen andern Priester zur Eheschließung zu delegieren (d.i. bevollmächtigen); und wenn auch kein anderer da ist, der die Stelle des Pfarrers oder Bischofs vertritt: dann ist die Ehe gültig ohne Gegenwart des Pfarrers, wofern die Vorschrift des Konzils in dem, worin es möglich ist, beobachtet wird, also wenigstens zwei Zeugen hinzugenommen werden. Wenn zwar der Pfarrer oder Bischof da ist, aber beide, ohne einen Stellvertreter eingesetzt zu haben, aus Furcht vor den Häretikern sich verborgen halten, so daß man in Wahrheit nicht weiß, wo sie sind; oder wenn sie aus derselben Furcht außerhalb der Diözese weilen und man zu keinem von beiden sicher gelangen kann (si non sit tutus accessus): dann ist die ohne die Tridentinische Form (ohne Pfarrer) abgeschlossene Ehe gültig, wofern jedoch, wie gesagt, zwei Zeugen zugezogen werden."

Unter dem Ausdruck „Stellvertreter" ist hier jeder Priester zu verstehen, welcher vom Pfarrer (für die Pfarrei) oder vom Bischof (für die ganze Diözese) die Vollmacht zur Einsegnung der Ehen besitzt. Der von der hl. Kongregation gesetzte Fall würde also erst dann eintreten, wenn die Brautleute überhaupt zu einem rechtmäßigen römisch-katholischen Priester nicht gelangen könnten. Auch wird vorausgesetzt, daß k e i n Ehehindernis vorliegt, oder daß es vorher durch Dispens gehoben sei.

Übrigens hat sich in dieser wichtigen Angelegenheit ein jeder nach den besonderen Verordnungen seines Bischofs, wenn derselbe solche erlassen hat, zu richten. Das Angeführte aber möge zur Beruhigung der Gläubigen dienen. Selbst bei einem allgemeinen Umsturz der kirchlichen Ordnung, wovor Gott uns gnädig bewahren wolle, würden sie ihre Ehen, wenn auch ohne Priester, doch „in Christo und in der Kirche" abschließen können und der Gnaden dieses „großen Sakramentes" nicht verlustig gehen. Drum stets festgehalten an Christus und an seiner heiligen Kirche!

ZWEITER TEIL

DER TOD OHNE PRIESTER

I. „STERBENDE GENÜGEN IHRER GEWISSENSPFLICHT, WENN SIE VOLLKOMMENE REUE UND LEID ERWECKEN." (SCHWEIZER KIRCHENVERORDNUNG)

„In Todesgefahr erwecket, wenn Ihr einen rechtgläubigen Priester nicht haben könnt, einen Akt der vollkommenen Reue, der mit dem Verlangen nach dem hl. Sakramente die Seele von den ihr anhaftenden Sünden reinigt. Wohl ist zu einer solchen vollkommenen Reue die göttliche Gnade erforderlich, aber Gott wird diese Gnade Euch reichlich geben, wenn Ihr ihn demütig darum bittet." (Bischof von Paderborn)

„Wenn Ihr ohne Eure Schuld der heiligen Sakramente beraubt werdet, aber im Glauben feststeht, dann wird Gottes Gnade alles ersetzen." (Die vereinigten Oberhirten)

Am schrecklichsten ist für die Gläubigen der Gedanke, nach dem Verluste ihrer Seelsorger ohne die heiligen Sakramente sterben zu müssen. Aber tröstet euch nur! Wenn auch gerade auf dem Kranken- und Sterbebette der Mangel eines Priesters am schmerzlichsten wird empfunden werden, so werdet ihr doch ganz gewiß die Krone des ewigen Lebens erlangen, wofern ihr im Glauben feststehet und mit der Gnade Gottes treu mitwirket. Gott will das Heil aller

34

Menschen und darum gibt er auch allen die hinreichende Gnade dazu: das ist Glaubenssatz.

Er hat zwei Arten von Gnadenmitteln angeordnet, durch welche der Mensch die Gnade sich aneignen soll, nämlich die Sakramente und das Gebet. Ist nun der Empfang der hl. Sakramente unmöglich, dann knüpft Gott umso größere Gnaden an das mit dem Verlangen nach den Sakramenten verbundene Gebet; versiegt die eine Quelle, dann wird die andere umso reichlicher fließen. So kann die Wassertaufe durch die Begierde- und Bluttaufe, die wirkliche Kommunion durch die geistliche Kommunion, das Bußsakrament durch die vollkommene Reue ersetzt werden. Demgemäß lehrt ja auch der Glaube, daß diejenigen, welche ohne ihre Schuld außerhalb der wahren Kirche stehen, aber die Wahrheit ernstlich suchen und die Gebote halten, gerettet werden. Um wieviel mehr dürfen die treuen Kinder der Kirche Rettung und Heil hoffen! Wer verloren geht, geht nicht durch Gottes Schuld, durch Mangel an Gnade, sondern durch eigene Schuld, durch Mangel an Mitwirkung verloren.

Sehr beherzigenswert in dieser Beziehung sind auch die Worte des hochwürdigsten Herrn Bischofs von Paderborn: „Je schwerer die Versuchungen zum Abfall, je größer die Gefahren und die Bedrängnisse: eine desto schönere Krone wird als Lohn für die bewährte Treue Euch einst zieren. O, wie ist es doch so schwer, diese himmlische Krone zu erringen, da ja der Heiland selbst uns sagt, daß man, um ins Himmelreich einzugehen, Gewalt brauchen müsse, und da der Apostel hinzufügt, daß der Weg zum Himmel durch viele Leiden und Trübsale hinführe! Anscheinend ist diese Schwierigkeit unter den gegenwärtigen Umständen eine noch größere, in Wahrheit aber ist sie jetzt eine geringere, es ist jetzt **leichter,** die Krone zu gewinnen, und Tausende, die sie unter ruhigeren, gemächlicheren, bequemeren Verhältnissen verscherzt haben würden, erlangen sie jetzt durch ihre Teilnahme an den heiligen Leiden und Kämpfen der Kirche."

Endlich muß ja jeder Christ sich stets und überall auf einen unversehenen Tod gefaßt halten. Ist es nicht früher in jeder Gemeinde schon öfter vorgekommen, daß jemand unerwartet ohne die hl. Sakramente starb? Ja, kennt man nicht Fälle, wo sich dieses ereignete, obwohl ein Priester in dem nämlichen Hause wohnte? Darum ist die nachfolgende Anleitung für alle Gläubigen und für alle Zeiten von der größten Wichtigkeit. Auch für diejenigen, welche die Gnade haben, vor ihrem Ende mit den heiligen Sterbesakramenten versehen zu werden, ist die Beobachtung der hier erteilten Ratschläge teils notwendig, teils höchst nützlich.

II. Wie man sich in gesunden Tagen auf den Tod vorbereiten soll

„Wachet, weil ihr nicht wisset, zu welcher Stunde euer Herr kommen wird!" (Matth. 24, 42.)

1. Bewahre stets die heiligmachende Gnade, dann bist du wenigstens vor der Hölle gesichert. Fliehe also die schwere Sünde und die Gelegenheit dazu.

2. Sei fleißig und gewissenhaft in Erfüllung deiner Christen- und Standespflichten. Ein treuer Arbeiter braucht nicht zu erschrecken, wenn er plötzlich vor seinen Herrn gerufen wird.

3. Erfülle solche Bedingungen, wodurch du in der Todesstunde einen vollkommenen Ablaß erhalten kannst.

4. Erwecke öfters eine vollkommene Reue über deine Sünden. Über dieses wichtigste Vorbereitungsmittel soll nachher eine ausführliche Belehrung folgen.

5. Versöhne dich mit deinem Feinde, erstatte fremdes Gut, ersetze den angerichteten Schaden soviel als möglich, ordne deine zeitlichen Angelegenheiten.

6. Bete recht oft um die Gnade eines seligen Todes. Diese wichtige Bitte ist dem Ave Maria beigefügt: „**Bitte für uns Sünder jetzt und in der Stunde unseres Todes!**" Wer so die Mutter Gottes im Leben vieltausendmal recht herzlich angerufen hat (z. B. im Rosenkranzgebet), dem wird sie gewiß im letzten Stündlein beistehen. Gehe auch fleißig zu den hl. Sakramenten, so lange du noch Gelegenheit dazu hast.

III. VOM STERBE-ABLASS

Unter Sterbe-Ablaß versteht man einen in der Todesstunde zu gewinnenden vollkommenen Ablaß d. i. Nachlaß der nach Vergebung der Sündenschuld noch bleibenden zeitlichen Sündenstrafen. Ein solcher Ablaß ist mit der General-Absolution verbunden, welche der Priester dem Sterbenden zu erteilen pflegt. Man kann denselben jedoch bei Erfüllung gewisser Bedingungen auch ohne General-Absolution und ohne Priester sich zueignen, und zwar:

1. wenn man ein treues Mitglied einer Bruderschaft gewesen, für welche die Kirche den vollkommenen Ablaß in der Todesstunde verliehen hat z. B. der Bruderschaft der christlichen Lehre, von der Todesangst, vom heiligsten Herzen Jesu, vom Rosenkranze, Skapulier usw.;

2. desgleichen wenn man im Leben häufig Glaube, Hoffnung und Liebe andächtig mit Herz und Mund erweckt hat, oder wenn man die heiligsten Namen Jesus und Maria oftmals im Leben herzlich und reumütig angerufen hat und sie auch in der Todesstunde noch anruft usw.;

3. wenn man einen mit Sterbe-Ablaß benedizierten Gegenstand (Kreuz, Medaille) besitzt. Wer mehrere der vorgenannten

Bedingungen erfüllt, kann ebenso oft diesen Ablaß gewinnen, was umso besser ist, da wir nicht wissen, in welchem Maße, die von der Kirche als vollkommene verliehenen Ablässe von uns tatsächlich gewonnen werden.

In der **Todesstunde** selbst muß man zur Gewinnung des Sterbe-Ablasses folgende **drei Bedingungen** erfüllen:

1. Man muß beichten und kommunizieren oder wenn dieses nicht möglich ist, wahre vollkommene Reue erwecken, weil der Stand der Gnade zur Gewinnung der Ablässe unumgänglich notwendig ist.

2. Man muß mit dem Munde oder, wenn man das nicht mehr kann, mit dem Herzen den heiligsten Namen **Jesus** reumütig anrufen.

3. Vor allem endlich muß man die Leiden des Todeskampfes und den Tod selbst wie aus Gottes Hand und mit Ergebung als Buße für seine Sünden willig annehmen. Der Sterbende kann sich auf diese Weise selbst, ohne Vermittlung eines Priesters, den Ablaß zuwenden und zwar so oft, als er ihn auf verschiedene Gründe hin gewinnen kann. Vernachlässige ja nicht eine so große Gnade!

Es ist nicht notwendig, daß der Sterbende in der wirklichen Todesstunde, im Augenblicke des Hinscheidens, die vorgeschriebenen Tugendübungen (Ergebung, Reue ect.) erwecke und den heiligsten Namen Jesus anrufe, sondern man gewinnt diesen Ablaß, wenn man in einer wirklichen Todesgefahr die Bedingungen erfüllt, wenn auch der Tod selbst mehrere Tage nachher erfolgt. Will man den Ablaß mehrmals gewinnen, dann Muß man ebenso oft den Namen Jesus reumütig anrufen. — Den mit einem Kreuz, einem Rosenkranz, einer Medaille, verbundenen Ablaß kann nur diejenige Person gewinnen, für welche der Gegenstand benediziert ist; ein solcher Gegenstand kann nicht mehr verkauft oder verliehen und, nachdem man ihn für sich bestimmt und gebraucht hat, auch nicht mehr an andere verschenkt werden, sonst geht

der Ablaß verloren. Ein mit Sterbe-Ablaß versehenes Kreuz, Medaille ect. braucht der Sterbende nicht gerade am Halse zu tragen oder in der Hand zu halten, sondern er kann den Gegenstand vor sich liegen oder neben dem Bette aufgehängt haben.

IV. WIE MAN SICH ZUR ZEIT DER KRANKHEIT UND BEIM HERANNAHEN DES TODES VERHALTEN SOLL

1. Solltest du in eine ernstliche Krankheit fallen, dann erschrick nicht, sondern erhebe dein Herz gleich zu Gott, ohne dessen Willen kein Haar von unserm Haupte fällt. Was Gott tut, das ist wohlgetan. Krankheiten sind Gnaden, der Tod ist unser Freund, der uns zu Gott ins himmlische Vaterland führt. Ist nicht auch Jesus gestorben? Sind nicht Maria, die Heiligen, die Auserwählten alle durch den Tod ins ewige Leben eingegangen?

2. Säume nicht mit dem Empfange der heiligen Sakramente, wenn Gelegenheit dazu ist. Ist aber kein Priester zu haben, so setze ein unbegrenztes Vertrauen in die Barmherzigkeit Gottes; erblicke in Gott deinen gütigsten Vater, in Jesus deinen liebevollsten Erlöser, in Maria deine zärtlichste Mutter. Die heilige Beichte und Ölung muß in diesem Falle durch die vollkommene Reue, die heilige Wegzehrung durch die geistliche Kommunion ersetzt werden; der Sterbe-Ablaß bleibt, wenn du solchen Bedingungen erfüllt hast, für welche derselbe verliehen ist. Erwecke alsdann zuerst und vor allem eine wahre Liebesreue über deine im ganzen Leben begangenen Sünden mit dem Verlangen nach dem hl. Bußsakramente, bitte um Verzeihung durch Jesu Blut und Kreuzestod: dadurch sicherst du dir die heiligmachende Gnade. Solche Reue kann, wie nachher zu zeigen, bloß in Gedanken und in kurzen herzlichen Seufzern erweckt werden.

Hierauf erwecke in dir eine große Sehnsucht nach der heiligen

Wegzehrung; bitte Jesum, er möge doch geistiger Weise zu dir kommen, da du ihn nicht wirklich empfangen kannst. Eine recht glühende geistliche Kommunion bringt oft größere Gnaden, als eine mit nur gewöhnlicher Andacht empfangene wirkliche Kommunion. Sodann bitte Gott noch um die Gnade des Sterbe-Ablasses, und um ihn zu gewinnen, opfere Gott dein Leben auf, erkläre dich bereit zu sterben, wenn es so sein heiligster Wille ist; nimm im Voraus alle Leiden des Todeskampfes und den Tod selbst wie aus Gottes Hand willig an als Buße für deine Sünden; rufe mit großem Vertrauen den heiligsten Namen **Jesus** mit dem Munde oder, wenn du es mit dem Munde nicht mehr kannst, doch mit dem Herzen an. Alsdann überlaß dich ganz der Barmherzigkeit Gottes: „**Vater in deine Hände befehle ich meinen Geist!**"

Die angedeuteten Übungen nebst Glaube, Hoffnung und Liebe sind als die wichtigsten sofort zu erwecken und im Verlaufe der Krankheit öfters zu wiederholen. Sie werden dir alsdann umso leichter sein, wenn du sie in gesunden Tagen fleißig verrichtet hast.

3. Hast du noch Verpflichtungen zu erfüllen, z.B. Aussöhnung, Rückerstattung, dann tue es gleich. Ordne auch alsbald deine zeitlichen Angelegenheiten, wenn solches noch nicht geschehen ist.

Empfindest du Angst vor dem Tode, weil du deinen Ehegatten, deine Kinder, deine Angehörigen verlassen mußt, dann habe Gottvertrauen; empfiehl sie dem himmlischen Vater, er wird für sie sorgen.

Kommt dir eine **Versuchung gegen den Glauben**, dann sprich gleich:
„**Ich glaube alles, was die heilige katholische Kirche lehrt, in diesem heiligen Glauben will ich leben und sterben!**"

Befällt dich **Kleinmut und Verzagtheit** wegen der Menge deiner

Sünden, dann denke an die unermeßliche Barmherzigkeit Gottes:

„So wahr ich lebe, spricht der Herr, ich will nicht den Tod des Sünders (d.i. seinen ewigen Tod), sondern, daß er sich bekehre und lebe". Bete darum voll Vertrauen: **„Erbarme dich meiner, o Gott, nach deiner großen Barmherzigkeit; und nach der Menge deiner Erbarmungen tilge aus meine Missetaten!"**
Blicke auf das Kreuz, sprich zu Jesus:
„O du Lamm Gottes, welches du hinwegnimmst die Sünden der Welt, erbarme dich meiner, nimm auch meine Sünden hinweg!"

Rufe Maria an, die Mutter der Barmherzigkeit, die Zuflucht der Sünder:
„Gedenke, o gütigste Jungfrau Maria, es sei noch nie erhört worden, daß jemand, der zu dir seine Zuflucht nahm, verlassen worden sei! O Mutter, Verlaß auch mich nicht!"

4. Bringe die Zeit deiner Krankheit nicht mit unnützen Gesprächen oder mit einer übertriebenen Sorgfalt für die Gesundheit des Leibes zu. Unterhalte dich mit Gott, sorge für deine Seele. Beschäftige dich meistens mit Übungen des Glaubens, der Hoffnung und der Liebe, der herzlichsten Reue und des Vertrauens, der Geduld und Ergebung in Gottes heiligsten Willen; erwecke in dir ein großes Verlangen nach dem Himmel, indem du mit Paulus seufzest: **„Ich verlange aufgelöst zu werden und bei Christo zu sein."** Bete die Bußpsalmen, eine Litanei, den Rosenkranz; lies in einem geistlichen Buche oder laß dir daraus vorlesen, besonders vom Leiden Christi.

5. Kannst du dich wegen Schwäche oder Schmerzen nicht viel mit Beten und Lesen anstrengen, dann erhebe umso öfter dein Gemüt zu Gott durch kurze herzliche Seufzer und Stoßgebetlein. Sorge, daß du ein Kruzifix habest, wo möglich ein solches, welches für dich mit Sterbe-Ablaß versehen ist. Nimm es in deine Hand, drücke es oft an deine Lippen, an dein Herz, wobei du z. B. sprechen kannst:

„Jesus, mein Gott! Ich liebe dich über alles!" (50 Tage Ablaß)
„Mein Jesus, Barmherzigkeit!" (100 Tage Ablaß) –

„Süßester Jesus, sei mir nicht Richter, sondern Erlöser!" (50 Tage Ablaß) –

Oder rufe wenigsten den Namen Jesus an. – Empfiehl dich in die heiligen Wunden deines Heilandes, verbirg dich in seinem göttlichen Herzen, welches eine Zufluchtsstätte für die Sterbenden ist. Vereinige deine Leiden und deinen Tod mit Jesu Leiden und Jesu Tod als Sühnung für deine Sünden.
„O Jesus, dir leb' ich! O Jesus, dir sterb' ich!" – „O Jesus, sei mir gnädig! O Jesus, sei mir barmherzig!"

Rufe Maria an, sie hat ein Mutterherz.
„Süßes Herz Mariä, sei meine Rettung!" (300 Tage Ablaß)

Befiehl dich dem heiligen Joseph, dem Patron der Sterbenden.
„Jesus, Maria, Joseph! Euch schenke ich mein Herz und meine Seele. – Jesus, Maria, Joseph! Stehet mir bei im letzten Todeskampfe. – Jesus, Maria, Joseph! Möge meine Seele mit euch im Frieden von hinnen scheiden."
(100 Tage Ablaß für jede dieser drei Anrufungen)

Bitte deinen heiligen Schutzengel, deinen Namenspatron um ihren Beistand.

Wenn die Kräfte dich ganz verlassen und du nicht mehr beten kannst, dann drücke das Kruzifix fest an dich und rufe wenigstens im Herzen die Namen Jesus und Maria an. Diese heiligsten Namen mögen als letzter Seufzer auf deinen Lippen schweben, das Kreuz sei dein Reisestab, die brennende Sterbekerze leuchte dir voran in die Ewigkeit als ein Zeichen, daß du den hl. Glauben, den du in der Taufe empfangen, treu bis ans Ende bewahrt hast!
O möchtest du im Tode mit Paulus sprechen können:
„Ich habe den guten Kampf gekämpft, den Lauf vollendet, den

Glauben bewahrt."
Dann wirst du auch, wie er, die hinterlegte Krone der Gerechtigkeit empfangen.

„Sei getreu bis in den Tod", spricht der Herr, **„und ich werde dir geben die Krone des Lebens!"** (Offb. 2) – **„Siehe, ich komme bald und mein Lohn mit mir, zu geben einem Jeden nach seinen Werken. Ja, ich komme bald! Amen, ja komm Herr Jesu!"** (Offb. 22,12)

V. WIE MAN DEN KRANKEN UND STERBENDEN BEISTEHEN SOLL

In den Kranken wird Christus selbst besucht und getröstet. Dieses Liebeswerk hat eine große Verheißung, denn am Tage des allgemeinen Weltgerichtes wird der Herr zu den Gebenedeiten sprechen: „Ich bin krank gewesen, und ihr habt mich besucht." (Matth. 25) Mit Recht nennt daher der hl. Philippus Neri die Krankenzimmer geistliche Goldgruben, wo man sich unendlich große Schätze von Verdiensten für den Himmel erwerben kann. Den Sterbenden aber zu einem glückseligen Tode verhelfen ist das allerverdienstlichste Werk und zugleich ein höchst wirksames Mittel, um selbst die Gnade eines seligen Endes zu erlangen. Heute mir, morgen dir! Der hl. Augustinus sagt: „Hast du eine Seele gerettet, dann hast du deiner Seele die Auserwählung gesichert." Auch abgesehen von diesen großen Verheißungen, wer fühlte nicht innigstes Mitleid mit einem Mitbruder, einer Mitschwester, die aufs Kranken- und Sterbebett niedergeworfen sind und in so großen Nöten sich befinden, zumal wenn sie vergeblich nach den heiligen Sakramenten seufzen, wenn kein Priester mehr da ist, der sie ihnen spenden könnte? O ihr Hausgenossen, ihr Freunde und Nachbarn, dann müßt ihr die Stelle des Priesters vertreten, so gut ihr könnt! Dann wird der Kranke, der Sterbende zu euch seine Hände ausstrecken und mit den Worten des

Dulders Job euch anflehen: „Erbarmet euch doch meiner, erbarmet euch meiner, wenigstens ihr meine Freunde!" Darum beachtet wohl die folgenden Ratschläge.

1. Ihr müßt dem Kranken behilflich sein in allen seinen Bedürfnissen in Aufwartung, Reinigung, Pflege, Speise und Trank, Nachtwachen usw. Vor allem aber sorget für das Heil seiner Seele! Tröstet ihn, ermuntert ihn zum Vertrauen auf Gott, zur Ergebung in den allerheiligsten Willen Gottes. Ermahnet ihn besonders, daß er eine herzliche Reue über alle seine Sünden erwecke und helfet ihm dabei. Laßt ihn ein herzliches Verlangen nach den Sakramenten erwecken, die geistliche Kommunion üben, und erinnert ihn, wenn die Krankheit ernstlich ist, an den Sterbe-Ablaß. Fraget, ob er noch ein Anliegen auf seinem Gewissen habe, und wenn dem so ist, dann helfet ihm die Sache in Ordnung bringen, z.B. Aussöhnung, Rückerstattung u. dgl. Wenn jemand plötzlich schwer erkrankt, dann betet ihm sogleich vollkommene Reue und Leid vor.

Ein Priester erzählt: „Vor einigen Jahren wurde ich gerufen, einen Mann zu versehen, den plötzlich ein Blutsturz befallen hatte. Als ich ankam, war er schon verschieden. Sein Sohn, ein Erstkommunikant, erzählte mir später, während die andern jammernd das Bett umstanden, habe er schnell ein Kruzifix von der Wand genommen, es dem sterbenden Vater vorgehalten und ihn ermahnt, vollkommene Reue und das Verlangen nach der heiligen Beichte und Wegzehrung zu erwecken und habe ihm dann das Formular für Reue und Leid, das er im Unterricht gelernt hatte, vorgesprochen."

2. Alle Sachen, welche dem Kranken Versuchungen bereiten oder doch sein Gemüt zerstreuen könnten, sind aus dem Zimmer zu entfernen, z.B. freche Bilder, eitle Kleidungsstücke, Waffen u. dgl. Man sorge dafür, daß der Kranke öfters ein Kruzifix betrachte, man stelle es vor ihm auf oder gebe es ihm in die Hand. Man bringe auch, wenn es geht, das Bild der allerseligsten Jungfrau in seiner Nähe an, damit er zu Maria seine Zuflucht nehme.

3. Bei dem Kranken sollen alle unnützen, eitlen, ganz weltlichen Gespräche vermieden werden. Man suche ihn immer in Vereinigung mit Gott zu erhalten. Während man im Krankenzimmer beschäftigt ist, kann man dem Kranken verschiedene fromme Erinnerungen geben. Wenn man z.b. ihm das Bett bereitet, kann man sagen: „Siehe, du hast noch ein weiches Lager, auf dem du ruhest; Jesus aber mußte am Kreuze in den Nägeln hangen, er konnte nirgends sein dornengekröntes Haupt anlehnen." – Wenn der Kranke eine Speise, einen Trank genießt oder eine andere Labung ihm zu Teil wird, so kann man sagen: „O wie gütig ist der liebe Gott, der uns mit Speise und Trank erquickt, der uns so viel Gutes erweist! Jesus, der Sohn Gottes, hat uns zu Liebe keine andere Labung gehabt, als Galle und Essig." – Wenn sich der Kranke von einer Seite zu andern wendet und nirgends Ruhe findet, so kann man sagen: „In Gott allein ist wahre Ruhe und die wahre Erquickung zu finden. Auf dieser Welt können wir nirgends Ruhe finden, als wenn wir uns ganz dem heiligsten Willen Gottes übergeben." Auf diese und ähnliche Weise kann man die verschiedenartigsten Anlässe zur Erbauung des Kranken benutzen.

4. Man ermahne den Kranken zum Gebete, man helfe ihm beten, z.B. eine Litanei, den Rosenkranz, man bete ihn vor, besonders die drei göttlichen Tugenden und Reue und Leid; man lese ihm aus einem geistlichen Buche vor, was für seinen Zustand passt.

5. Wenn der Zustand des Kranken sich verschlimmert und der Tod herannaht, dann muß die Liebe und Sorgfalt sich verdoppeln. Alle vorwitzigen Zuschauer sind aus dem Sterbezimmer zu entfernen. Auch sollen solche Personen fern bleiben, deren Gegenwart dem Sterbenden gefährlich oder beunruhigend sein könnte, als da sind jene Personen, mit welchen er vielleicht bei Lebzeiten einen verbotenen Umgang gehabt hat; oder jene, die ihm große Kränkungen und Beleidigungen zugefügt und denen er allerdings von Herzen verziehen hat, deren Anblick aber in ihm die alten

Erinnerungen wieder wachrufen könnte; oder jene Verwandten, an denen sein Herz besonders hängt, und die ihren Schmerz nicht mäßigen können, deren Weinen und Klagen den Sterbenden beunruhigen würde. Man lasse nur einige Personen, die etwa zur Aufwartung notwendig sind, im Zimmer; die übrigen mögen in einem Nebenzimmer oder in einiger Entfernung für den Sterbenden beten.

6. Man halte die Sterbekerze in Bereitschaft und besprenge öfters den Sterbenden mit Weihwasser, wenn solches vorhanden ist. Man bete die Sterbegebete vor. Besonders soll man mit dem Sterbenden die Übungen des Glaubens, der Hoffnung und der Liebe, der vollkommenen Reue, des Vertrauens, der Ergebung in den göttlichen Willen und des Verlangens nach dem Himmel erwecken. Beim Vorbeten soll man nicht zu laut reden, um dem Sterbenden nicht beschwerlich zu fallen. Man bete nicht zu schnell und nicht zu viel auf einmal, sondern pause zuweilen, damit der Sterbende Zeit habe, das Gehörte zu überlegen. Man erinnere ihn, daß es genug sei, wenn er im Herzen, in Gedanken nachbetet, und daß er nicht nötig habe, mit dem Munde nachzubeten. Kurze Stoßgebetchen und herzliche Anrufungen, wie vorhin einige mitgeteilt sind und andere weiter unten folgen, eignen sich hierzu am besten.

7. Wenn der Sterbende in den letzten Zügen liegt, so spreche man ihm noch die letzten Seufzer der Sterbenden vor, besonders aber rufe man die heiligsten Namen J e s u s und M a r i a oft und herzlich an. Die Bewußtlosigkeit der Sterbenden ist oft nur eine scheinbare; ihre Seele kann dabei innerlich sehr tätig sein. – Ist die Seele abgeschieden, dann empfehle man sie der Barmherzigkeit Gottes.

a) Kennzeichen des nahen Todes:

Wenn der Puls immer matter und wie fadenförmig geht; wenn er immer mehr zurückbleibt und oft ausbleibt.

Wenn die Extremitäten, Füße und Hände, erkalten.

Wenn der Kranke aus dem Bette fort will und an einen anderen Ort, in ein anderes Bett verlangt.

Wenn die Schläfen erkalten, die Nase sich spitzt und das Gesicht gelblichblau wird.

Wenn der Sterbende mit den Zähnen knirscht, zu röcheln beginnt und in längeren Zwischenräumen tiefe Seufzer ausstößt.

Wenn die Kinnlade herabsinkt, Speichel in langen Fäden aus dem Munde fließt und die Augen unwillkürlich Tränen vergießen.

Wenn der Atem immer kürzer wird, der Hauch einen Totengeruch von sich gibt, die Augen ihren Glanz verlieren, starr werden und mit einer Haut sich überziehen.

Die letzten Züge erfolgen oft in langen Zwischenräumen, so daß man glaubt, es sei der Tod schon eingetreten. Man warte daher mit der Ankündigung des Todes und bete so lange, bis kein Lebenszeichen mehr da ist.

VI. Kranken- und Sterbegebete[5]

<u>Einige Fragen, die man an Kranke und Sterbende richten kann:</u>

1. Nimmst du diese Krankheit mit dankbarem und freudigem Herzen von der Hand Gottes an? – Ja.
Bist du nach dem Willen Gottes bereit, zu leben und zu sterben? – Ja.
Ist es gegen deinen Willen, wenn du in deinen Schmerzen Ungeduld an den Tag legen solltest? – Ja.

---

[5] Weitere Gebete für Kranke und Sterbende finden sich in jedem guten Gebetsbuch.

2. Verzeihst du um Christi willen allen, welche dich jemals beleidigt haben? – Ja.

Begehrst du, daß dir alle verzeihen, welche du jemals beleidigt hast? – Ja.

3. Bekennst du auch, daß du Unrecht getan, da du den Lieben Gott so oft beleidigt und erzürnt hast? – Ja.

Ist es dir von Herzen leid, daß du Gott, das höchste und liebenswürdigste Gut, so oft beleidigt hast? – Ja.

Begehrst du, daß dir Gott alle deine Sünden verzeihen soll? – Ja.

Bist du bereit, alles zu leisten und gut zu machen, wozu du verpflichtet bist? – Ja.

Wenn dir Gott dein Leben verlängerte, wolltest du dich dann wahrhaft bessern? – Ja.

Wenn Gott dich aber aus dieser Welt nun bald abfordern wollte, ergibst du dich dann vollkommen in seinen heiligsten Willen? – Ja.

Willst du dann die Leiden des Todeskampfes und den Tod selbst aus Gottes Hand willig annehmen als Buße für deine Sünden? – Ja.

4. Wollest du gern deine Sünden beichten, wenn jetzt ein Priester hier wäre? – Ja.

Hast du ein großes Verlangen nach dem Sakrament der hl. Ölung? – Ja.

Begehrst du inbrünstig, deinen lieben Herrn und Heiland in der heiligen Kommunion als Wegzehrung zu empfangen? – Ja.

Begehrst du aller Ablässe teilhaftig zu werden, die du erlangen kannst? – Ja.

5. Willst du auch als ein getreuer katholischer Christ leben und sterben? – Ja.

Glaubst du alles, was die heilige römisch-katholische Kirche zu glauben lehrt? – Ja.

Bist du entschlossen, in diesem heiligen Glauben zu leben und zu sterben? – Ja.

Wenn du vielleicht bei deinem Hinscheiden etwas gegen den Glauben denken solltest, willst du dies jetzt schon für nichtig und ungültig erklären? – Ja.

Hoffest du auch von Gott Verzeihung deiner Sünden und das ewige Leben zu erlangen? – Ja.

Hoffest du auch auf die Barmherzigkeit Gottes, und vertrauest du fest auf

die Verdienste des bitteren Leidens und Sterbens Jesu Christi? – Ja.
Liebst du auch den lieben Gott von ganzem Herzen und begehrest du, ihn immer mehr zu lieben? – Ja.
Willst du auch aus Liebe zu Gott sterben, um ihn im Himmel zu schauen und ihn dort ewig zu lieben und zu loben? – Ja.

6. Übergibst du Jesus deinen Leib und deine Seele zum Eigentum? – Ja.
Vereinigst du deine Leiden und deinen Tod mit Jesu Leiden und Jesu Tod? – Ja.
Empfiehlst du dich in das göttliche Herz Jesu, welches so voll Liebe und Erbarmen ist? – Ja.
Empfiehlst du dich der Fürbitte und dem mächtigen Schutze Mariä, der Mutter der Barmherzigkeit? – Ja.
Begehrst du, die heiligsten Namen Jesus und Maria noch in der Todesstunde anzurufen, wenigstens mit dem Herzen? – Ja.
Verlangst du, in den Armen Jesu und Mariä zu sterben? – Ja.

VII. Übung der vornehmsten Tugenden

Vom Kranken selbst zu verrichten oder ihm langsam, in kleinen Absätzen und mit sanfter Stimme vorzubeten.

1. Glaube. Anbetungswürdigste Dreifaltigkeit, Vater, Sohn und Heiliger Geist, einziger dreipersönlicher Gott! Ich glaube festiglich alles, was du geoffenbart hast, weil du die ewige unfehlbare Wahrheit bist. Mein Herr und Gott, ich glaube an dich; ich glaube alles, was die heilige katholische Kirche lehrt und mir zu glauben vorstellt. In diesem Glauben will ich leben und sterben.

2. Hoffnung. O mein Gott, ich vertraue auf deine unendliche Barmherzigkeit! Ich hoffe von dir Verzeihung meiner Sünden, deine Gnade und das ewige Leben zu erlangen, weil du selbst, allmächtiger, barmherziger und getreuer Gott, solches versprochen hast. Und da ich ein unwürdiger Sünder bin, so setze ich all mein Vertrauen auf das kostbare Blut und den bitteren Kreuzestod meines liebevollsten Erlösers. In dieser Hoffnung will ich leben und sterben.

3. Liebe. O Gott meines Herzens, ich verabscheue alle Zeit meines Lebens, in der ich dich nicht geliebt habe. Jetzt liebe ich dich, und wenn ich dich nicht genug liebe, so bitte ich dich, entzünde du mein Herz, damit ich dich so liebe, wie ich es kann und du es verdienst. Ja, mein Gott! ich liebe dich von ganzem Herzen und über alles, weil du das höchste, schönste und liebenswürdigste Gut bist! Deinetwegen liebe ich auch meinen Nächsten, Freund oder Feind, wie mich selbst. In dieser Liebe will ich leben und sterben.

4. Danksagung. Gepriesen sei die heiligste Dreifaltigkeit; ich will sie loben und preisen in Ewigkeit. Gepriesen sei Gott Vater, der mich erschaffen, erhalten und zum ewigen Leben bestimmt hat! Gepriesen sei Gott Sohn, der mich erlöst und zum heiligen katholischen Glauben berufen hat! Gepriesen sei Gott der Heilige Geist, der mich geheiligt und zu seinem Tempel geweiht hat! – Gepriesen sei die allerseligste Jungfrau Maria, die mich zu ihrem Pflegekinde angenommen und mir so viele Gnaden und Wohltaten zugewendet hat! – Gepriesen sei mein heiliger Schutzengel, der mich von meiner Geburt an so treu beschützt hat!

5. Reue. O mein Gott, mein höchstes Gut! Wie sehr reuet und schmerzt es mich, daß ich dich durch so viele Sünden beleidigt habe. O gütigster und barmherzigster Gott, verzeihe mir! Ja, es ist mir von Herzen leid, daß ich jemals wider dich gesündigt habe! Wasche mich rein von meinen Sünden! Nimmermehr will ich wieder sündigen. Ich widersage dem bösen Feinde und allen seinen Werken. Ich verfluche alle und jede Sünde, und will den Tod gern annehmen zur Buße für alle Beleidigungen, welche ich dir, o höchstes Gut zugefügt habe. In dieser Reue will ich leben und sterben. – O Maria, Zuflucht der Sünder! Bitte für mich, daß ich Vergebung aller meiner Sünden erlange.

6. Geduld. Den der Herr lieb hat, den züchtigt er. (Hebr. 12) Meine Seele! nimm alles an, was dir begegnet, trage es im Schmerz und habe Geduld dabei; denn Gold und Silber wird im Feuer bewährt, die Menschen aber, die Gott angenehm sind, werden im Glutofen der Treue geläutert. (Pred. 2) — Es sei fern von mir, daß ich mich in etwas anderem rühme, als im Kreuze unseres Herrn Jesu Christi. (Gal. 6) — Wenn wir mit Christo leiden, so werden wir auch mit ihm verherrlicht werden. Alle Leiden dieser Welt sind nicht zu vergleichen mit der künftigen Herrlichkeit, die an uns wird offenbar werden. (Röm. 8)

7. Ergebung. Vater, wenn es möglich ist, so nimm diesen Kelch von mir; doch nicht wie ich will, sondern wie du willst! (Matth. 26.) — Wie es dem Herrn gefällt, so geschehe es; der Name des Herrn sei gebenedeit! (Job 1) — Vater! dein Wille geschehe wie im Himmel, also auch auf Erden. (Mt. 6) Haben wir das Gute von der Hand des Herrn genommen, warum sollten wir nicht auch das Böse annehmen? (Job 2) — O mein Gott, ich will gern leiden, so lange es dir gefällt! Ich will gern sterben zur Stunde, die du mir bestimmt hat. — „Es geschehe, werde gelobt und ewig gepriesen der gerechteste, höchste und liebenswürdigste Wille Gottes in allem." (100 Tage Ablaß)

8. Verlangen nach dem Himmel. Gleich wie der Hirsch nach Wasserquellen verlangt, so verlangt meine Seele nach dir, o Gott. Wann werde ich hinkommen und erscheinen vor Gottes Angesicht? (Ps 41) – O wie lieblich sind deine Gezelte, du Herr der Heerscharen! Meine Seele sehnt sich nach den Vorhöfen des Herrn. Selig sind, die in deinem Hause wohnen, o Herr: in alle Ewigkeit preisen sie dich. Ein einziger Tag in deinen Vorhöfen ist besser, als tausend Jahre im Erdenglück. (Ps. 83) –
Kein Auge hat es gesehen, kein Ohr hat es gehört und in keines Menschen Herz ist es gedrungen, was Gott denen bereitet hat, die ihn lieben. (1. Kor. 2) — Führe, o Herr, meine Seele aus ihrem Kerker, damit sie im himmlischen Vaterlande deinen Namen preise. (Ps. 141) —
Ich wünsche aufgelöst zu werden und bei Christo zu sein. (Phil. 1) — O wie ekelt mich die Erde an, wenn ich den Himmel betrachte! (Hl. Ignatius) — Möge die Stunde nahe sein, wo ich dich, meinen Herrn und Gott, anschauen und in unzertrennlicher Liebe ewig mit dir vereinigt sein werde!

VIII. ABLAßGEBET ZUM TROSTE DER KRANKEN

„Göttlicher Jesu, fleischgewordener Sohn Gottes, der du dich gewürdigt hast, um unseres Heiles willen in einem Stalle geboren zu werden, in Armut, Mühseligkeit und Elend zu leben und den schmerzvollen Tod des Kreuzes zu sterben; ich bitte dich, sprich zu deinem göttlichen Vater im Augenblicke meines Todes: „Vater verzeihe ihm!", sprich zu deiner geliebten Mutter: „Siehe da deinen Sohn (deine Tochter)!" und sprich zu meiner Seele: „Heute noch wirst du mit mir im Paradiese sein!"

O Gott, mein Gott, Verlaß mich nicht in jener Stunde! Ich dürste! Ja meine Seele dürstet nach dir, o Gott, der du die Quelle des lebendigen Wassers bist. Mein Leben eilt dahin, wie ein Schatten; noch eine Weile, und alles wird vollendet sein. Darum, o mein anbetungswürdiger Heiland, empfehle ich von diesem Augenblicke an in alle Ewigkeit meinen Geist in deine Hände. Herr Jesu, nimm meine Seele auf! Amen.

Ablaß von 300 Tagen, jedesmal, den Abgestorbenen zuwendbar.
(Pius IX. Dekr. v. 10. Juli 1856)

IX. KURZE SEUFZER, WELCHE DEM STERBENDEN ZUGESPROCHEN WERDEN KÖNNEN

„Jesus, Maria!" —

„Jesus sei mir gnädig! Jesus sei mir barmherzig! Jesus verzeihe mir meine Sünden!"

„O gütigster Jesu, erbarme dich meiner wegen deines bitteren Leidens; durch deinen bitteren Tod verleihe mir ein seliges Ende."

„Jesus, dir leb' ich! Jesus, dir sterb' ich! Jesus, dein bin ich tot und lebendig!"

„Jesus, an dich glaube ich! Jesus auf dich hoffe ich! Jesus, dich liebe ich von Grund meines Herzens!"

„In deine Hände, o Jesus, befehle ich meinen Geist! In dein treues Herz befehle ich mein schwaches Herz! In deinen bitteren Tod befehle ich meinen bitteren Tod!"

„O Jesus, verlaß mich nicht! O Jesus, verstoß mich nicht! O Jesus, verdamme mich nicht! Ach, laß mich nicht verloren gehen, weil du mich so lange gesucht hast! Ach, laß mich nicht zu Schanden werden, weil du mich so schmerzlich erlöset hast! Ach lasse, mich nicht verdammt werden, weil du mich so teuer erkauft hast!"

„O himmlischer Vater, ich bin der arme Mensch, den du zu deiner Ehre erschaffen hast!
O Christe Jesu, ich bin der arme Mensch, den du durch dein Leiden erlöset hast!
O Heiliger Geist, ich bin der arme Mensch, den du durch deine Gnade geheiligt hast! O Gott, so laß denn diese meine teure Seele dem bösen Feinde nicht zu Teil werden!"

„Ich hoffe auf deine Güte, o gütigster Vater! Ich hoffe auf dein bitteres Leiden, o Christe Jesu! Ich hoffe auf deine Liebe und Barmherzigkeit, o Heiliger Geist!

„Ich glaube alles, was die katholische Kirche lehrt, und in diesem Glauben will ich leben und sterben!"

„Ich hoffe fest, die Seligkeit aus Gnade und durch eigene Mitwirkung zu erlangen, und in dieser Hoffnung will ich leben und sterben!"

„Ich liebe dich, o Gott, von ganzem Herzen und über alles, und in dieser Liebe will ich leben und sterben!"

Ich bereue meine Sünden aus Grund meines Herzens, und in dieser Reue will ich leben und sterben!"

„O Jesu, durch dein teures Blut und deine Wunden, Verlass mich nicht in meiner letzten Not! Ich bitte dich durch deinen bitteren Tod, verleihe mir einen seligen Tod! O Jesu, in dein süßes Herz nimm auf all meine Angst und all meinen Schmerz!"

„Heilige Maria, stehe mir bei! Heilige Maria, Verlaß mich nicht! Heilige Maria, bitte für mich!"

„Heilige Maria, Mutter Gottes, bitte für mich armen Sünder jetzt und in der Stunde meines Todes!"

„O Maria, wende deine barmherzigen Augen zu mir, und nach diesem Elende zeige mir Jesum, die gebenedeite Frucht deines Leibes!"

„Heiliger Joseph, heiliger Schutzengel, heiliger Namenspatron, alle Engel und Heiligen! stehet mir bei, damit ich selig sterbe."

„Mein Jesus Barmherzigkeit!"

„Süßes Herz Mariä, sei meine Rettung!"

„Jesus, Maria, Joseph! euch schenke ich mein Herz und meine Seele — Jesus, Maria, Joseph! stehet mir bei im letzten Todeskampfe! — Jesus, Maria, Joseph! möge meine Seele mit euch im Frieden von hinnen scheiden!"

„Vater, in deine Hände befehle ich meinen Geist!

„Jesus! Maria!"

DRITTER TEIL

DIE VOLLKOMMENE REUE EINE GNADENQUELLE IM LEBEN UND EIN RETTUNGSANKER IM TODE[6]

I. WAS IST DIE VOLLKOMMENE REUE?

Die Reue ist ein Schmerz der Seele und ein Abscheu über die begangenen Sünden mit dem Vorsatze, in Zukunft nicht mehr zu sündigen. Sie wird eingeteilt in die unvollkommene und die vollkommene Reue.

Die unvollkommene Reue entspringt aus Furcht vor der Hölle und vor dem Verluste des Himmels; sie genügt bei der Beichte, wenn ein Anfang von Liebe zu Gott damit verbunden ist. Die vollkommene Reue hingegen, auch kindliche oder Liebesreue genannt, entspringt aus der **vollkommenen Liebe** zu Gott, sie ist ein herzlicher bitterer Schmerz über die Sünden deshalb, weil wir dadurch Gott, das höchste und liebenswürdigste Gut, beleidigt haben. Die Furcht vor der Hölle und die Hoffnung des Himmels brauchen von der vollkommenen Reue nicht ausgeschlossen zu werden, müssen aber zurücktreten. Der wahrhaft Liebende verlangt nach dem Himmel, um mit dem Gott seines Herzens vereinigt zu werden, und fürchtet die Hölle nur deshalb, weil er dort auf ewig von Gott getrennt sein

---

[6] vgl. Gnadenquelle für Lebende, Sterbende und Abgestorbene. Paderborn, Junfermann 1874, S. 130 ff

55

würde; aus der Größe der Strafe erkennt er die Größe der Gott zugefügten Beleidigung.

Der eigentliche Beweggrund seiner Reue aber ist die Liebe zu Gott, beginnend mit der dankbaren Liebe gegen Gott als Wohltäter, wachsend in der kindlichen Liebe gegen Gott als Vater, und sich aufschwingend zur hochschätzbaren und wohlwollenden Liebe gegen Gott als das in sich selbst höchste und liebenswürdigste Gut, zu jener reinen und uneigennützigen Liebe, welche Gott ganz und allein wegen seiner selbst, wegen seiner unendlichen Vollkommenheiten über alles liebt und ihn auch lieben würde, wenn es weder einen Himmel zu hoffen, noch eine Hölle zu fürchten gäbe.

Aus dieser Liebe entspringt dann ein überaus großer Schmerz, einen so liebenswürdigen Gott beleidigt zu haben, ein wahrer Hasse und Abscheu gegen die Sünde und der feste Vorsatz, lieber alles zu verlieren und selbst den bittersten Tod auszustehen, als Gott durch eine schwere Sünde zu beleidigen, auch alle läßlichen Sünden als Beleidigungen des höchsten Gutes nach Kräften zu meiden, die zur Besserung notwendigen Mittel zu gebrauchen, Buße zu tun und die schlimmen Folgen der Sünde möglichst wieder gut zu machen. Ein solcher Reueschmerz erfüllte die hl. Maria Magdalena, als sie zu den Füßen Jesu in Tränen zerfloß; den hl. Petrus, da er hinausging und bitterlich weinte; den Schächer am Kreuze, als er zu Jesus sprach: „Herr, gedenke meiner, wenn du in dein Reich kommst!" Diesen festen Vorsatz hatte der hl. Paulus, welcher beteuerte: „Weder Tod noch Leben, noch irgendeine Kreatur wird mich zu scheiden vermögen von der Liebe Gottes, die da ist in Christo Jesu." (Röm. 8); desgleichen der hl. Anselmus, welcher erklärte: „Wenn ich auf der einen Seite einen glühenden Feuerofen und auf der andern eine läßliche Sünde sähe, dann wollte ich lieber in den Ofen gestürzt werden, als Gott durch die läßliche Sünde beleidigen."

Die wahrhaft dankbare Liebe d. h. jene Liebe, welche nicht so sehr an die Gaben, sondern vielmehr an Gott, den Geber, denkt und ihn wegen seiner unendlichen Gütigkeit über alles liebt, ist eine vollkommene Liebe und darum die aus ihr entspringende Reue auch eine vollkommene Reue. Dasselbe gilt von der kindlichen Liebe. Vgl. Deharbe, Vollkommene Liebe S. 139 ff. Den oben angedeuteten Beweggründen entsprechen ebenso viele Grade oder Stufen der vollkommenen Liebe und Reue.

II. WAS BEWIRKT DIE VOLLKOMMENE REUE?

Der Mensch kann auf mehrfache Weise für schwere Sünden Vergebung erlangen, erstens durch das Sakrament der Taufe, zweitens durch das Sakrament der Buße, drittens durch die vollkommene Reue in Verbindung mit dem Verlangen nach dem Sakramente. Die Kirche lehrt nämlich hinsichtlich der vollkommenen Reue, daß dieselbe verbunden mit dem Verlangen nach dem Sakramente (der Taufe bei den Ungetauften, der Buße bei den Getauften) den Sünder schon vor dem wirklichen Empfange des Sakramentes mit Gott aussöhnt und ihm Verzeihung aller Sünden erlangt. Die vollkommene Reue setzt die vollkommene Liebe Gottes voraus, diese aber und die Ungnade Gottes können nicht zusammen in der Seele bestehen, jene Liebe hebt die Ungnade auf, ihr heftiges Feuer verzehrt die Sünde. Beispiele sind David, Maria Magdalena, Petrus, der Schächer u.a. Von Magdalena sagte der Herr: „Ihr werden viele Sünden vergeben, weil sie viel geliebt hat." (Lk. 7)

Die vollkommene Reue rechtfertigt also den Sünder, und zwar nicht bloß im Notfalle und in Todesgefahr, sondern überhaupt und immer, wenn sie nur wahrhaft vorhanden ist. Weil aber im Neuen Bunde nach Christi Anordnung jede schwere Sünde der Schlüsselgewalt der Kirche unterworfen werden soll, so muß mit dieser Reue das Verlangen zu beichten verbunden sein. Dasselbe braucht jedoch kein ausdrückliches zu sein, sondern es genügt das in der vollkommenen Liebe von selbst eingeschlossene Verlangen nach dem Sakramente oder überhaupt der feste Vorsatz, alles zu tun, was Gott verlangt.

Das hl. Konzil von Trient lehrt: „Obgleich es zuweilen geschieht, daß die Reue durch die Liebe vollkommen ist und den Sünder schon vor dem wirklichen Empfange des Bußsakramentes mit Gott versöhnt, so lehrt doch der hl. Kirchenrat, daß diese Versöhnung nicht jener Reue allein ohne das Verlangen nach dem Sakramente, welches Verlangen in ihr eingeschlossen ist, zugeschrieben werden darf." (Konzil v. Trient, 14. Sitzung. 4. Kp.) Man muß deshalb bei nächster Gelegenheit zur heiligen Beichte gehen: das ist Pflicht, weil Christi Gebot. Dazu nötigt uns auch die Ungewißheit, ob unsere Reue wahrhaft vollkommen gewesen. Ein verschuldeter Aufschub der Beichte nach begangener schwerer Sünde wäre ein ziemlich sicheres Zeichen, daß die Reue, welche man etwa über diese Sünde erweckt hat, nur eine unvollkommene gewesen und die Todsünde nicht getilgt hat.

III. WANN SOLL MAN DIE VOLLKOMMENE REUE ERWECKEN?

1. Obgleich bei der Beichte die unvollkommene Reue genügt, so sollen wir doch bei derselben die vollkommene zu erwecken suchen. Die Früchte des Bußsakramentes richten sich vorzüglich nach der Reue. Je herzlicher diese ist, umso mehr zeitliche Strafe wird uns zugleich mit der ewigen nachgelassen und ein umso größeres Maß der heiligmachenden und anderen Gnaden uns zugeteilt. Fehlt die Reue aber gänzlich, dann ist die Beichte ungültig. Leider wird dieses von manchen Christen nicht beachtet. Die vom Geiste Gottes so erleuchtete hl. Theresia schrieb einst an einen Priester: „Vater, predigt recht oft gegen Beichten, die ohne Reue verrichtet werden; denn der Teufel hat kein Netz, worin er so viele Seelen fängt, als

dieses." Die Reue muß vor der Lossprechung erweckt sein.

2. Ratsam ist es, außer der Beichte öfters vollkommene Reue zu erwecken, etwa jeden Abend oder doch des Sonntags, auch nach Begehung ganz freiwilliger läßlicher Sünden, namentlich wenn wir zweifeln, ob die Sünde eine läßliche oder nicht vielmehr eine schwere gewesen. Zwei Gründe sollen uns dazu veranlassen. Erstens haben wir niemals zweifellose Gewißheit darüber, ob wir uns im Stande der heiligmachenden Gnade befinden. Die Kirche lehrt: „Sowie kein Frommer an Gottes Barmherzigkeit, an Christi Verdienst und an der Wirksamkeit der Sakramente zweifeln darf, so kann doch andererseits ein jeder, wenn er auf sich selbst und seine Unwürdigkeit hinblickt, wegen seines eigenen Gnadenstandes Besorgnis und Furcht haben, da niemand mit der zweifellosen Gewißheit des Glaubens wissen kann, ob er die Gnade Gottes erlangt habe." (Konzil v. Trient 6. Sitzung, 9. Kap.)

In der Heiligen Schrift heißt es: „Der Mensch weiß nicht, ob er der Liebe oder des Hasses würdig sei." (Pred. 9, 1.) Selbst der große Weltapostel Paulus bekennt von sich: „Ich bin mir zwar nichts bewußt, aber darum noch nicht gerechtfertigt: der Herr ist's, der mich richtet." (1. Kor 4, 4.) Die Heiligen lebten in steter Besorgnis wegen ihres ewigen Heiles. Um wieviel mehr ziemt sich das für uns Sünder! Jedoch soll uns diese Ungewißheit nicht mit Verzweiflung, wohl ober mit heilsamer Furcht erfüllen. „Wirket euer Heil mit Furcht und Zittern!" (Phil. 2, 12.) Eine oftmalige herzliche Reue mildert diese Furcht, denn der Psalmist sagt: „Ein zerknirschtes und gedemütigtes Herz wirst du, o Gott, nicht verachten." (Ps. 50, 18.) Die Liebesreue also, wenn sie unser Herz andauernd erfüllt, sichert uns die Barmherzigkeit Gottes und mit ihr unser ewiges Heil.

Aber auch angenommen, daß wir uns im Stande der heiligmachenden Gnade befinden, so sollen wir noch aus einem andern Grunde oftmals die vollkommene Reue erwecken. Dieser zweite Grund ist ihre große Verdienstlichkeit. Sie erlangt uns Verzeihung der läßlichen Sünden, in welche wir täglich fallen, und mindert die auf uns haftende zeitliche Strafe: dadurch aber verkürzt sie die uns erwartende Fegfeuerstrafe. Auch vermehrt sie in und die Gnade und Liebe Gottes, stärkt uns zum Guten und trägt so zur Erhöhung unserer zu hoffenden Seligkeit bei.

Deshalb sagt ein alter Katechismus: „Vollkommene Reue und Leid ist oft zu erwecken, weil sie dem Menschen allzeit erlangt in diesem Leben eine neue Gnade, in jenem Leben eine neue Krone." Übrigens bedarf es für eine wahrhaft gottliebende Seele gar nicht einmal dieser besonderen Beweggründe. Für sie ist die öftere Erweckung der vollkommenen Reue etwas, was sich von selbst versteht. Auf Erden kann ja die Liebe Gottes nicht bestehen ohne den Schmerz, diesen liebenswürdigsten Gott so oft beleidigt zu haben: die vollkommene Reue ist gleichsam die irdische Form der vollkommenen Liebe.

3. Ganz besonders soll der Christ die vollkommene Reue erwecken, wenn er das Unglück gehabt hat, in eine schwere Sünde zu fallen. Lege dich niemals in einer Todsünde schlafen, du könntest in der Hölle erwachen! Auch ist es Glaubenslehre, daß man im Stande der Ungnade nichts für den Himmel verdienen kann. Solltest du jemals in eine schwere Sünde fallen, dann suche dich alsbald mit dem von dir beleidigten Gott durch eine wahre Liebesreue wieder zu versöhnen. Klage dich deiner Schuld vor ihm an, flehe fußfällig um Verzeihung, bitte um Zeit und Gnade zur Beichte und Bekehrung. Bereue deine Bosheit so herzlich, so bitterlich und kräftig, als du nur kannst. Der Schmerz muß deine ganze Seele durchdringen und sie von allen ungeordneten Neigungen losreißen. Wo vorher die Leidenschaft herrschte, muß nun die Liebe Gottes herrschen. Eine matte Reue und ein kraftloser Vorsatz tilgen die schweren Sünden nicht. „Denn, lehrt der Römische Katechismus, obwohl wir zugestehen, daß durch die vollkommene Reue die Sünden getilgt

werden, wer weiß dann aber nicht, daß dieselbe so heftig, bitter und heiß sein müsse, daß die Bitterkeit des Schmerzes der Größe der Vergehungen entspräche?" Man braucht jedoch diesen Schmerz nicht sinnlich zu empfinden, weil die Reue ein geistiger Schmerz, ein Seelenschmerz ist, eine Bewegung nicht des sinnlichen Gefühls, sondern des Willens. Solltest du nun nach einer solchen herzlichen Liebesreue plötzlich ohne die heiligen Sakramente sterben, dann wirst du an Gott einen versöhnten und barmherzigen Richter finden, der dich nicht auf ewig verstoßen wird. Fristet dir aber der Herr dein Leben, dann gehe zur heiligen Beichte, sobald du Gelegenheit dazu hast.

Warnung. Damit jedoch niemand auf die vollkommene Reue als ein jederzeit gegenwärtiges Mittel wider die Gefahr ewiger Verdammnis sich verlasse und daraus die Freiheit nehme, zu sündigen, so ist wohl zu beherzigen, daß Gott die besondere Gnade, welche zu dieser Reue vonnöten ist und welche zu geben er sich durch kein Versprechen verpflichtet hat, voraussichtlich einem solchen vermessentlichen Sünder vorenthalten und ihn in seinen Sünden elendiglich werde zu Grunde gehen lassen. „Täuschet euch nicht, Gott läßt seiner nicht spotten!" (Gal 6,7.)

4. Im Tode endlich ist diese Reue bei schwerer Sünde und in Ermangelung der hl. Sakramente das einzige Rettungsmittel. Wir dürfen vertrauen, daß Gott die dazu erforderliche Gnade denjenigen verleihen werde, die eines wahrhaft guten Willens sind und keine Gelegenheit haben, zu beichten. Das gilt namentlich von frommen Katholiken, die eines unversehenen Todes sterben, und von jenen Menschen, welche ohne ihre Schuld außerhalb der katholischen Kirche leben und sterben, aber nach Kräften die Wahrheit gesucht und die Tugend geübt haben. Auch ein Irrgläubiger, ein Jude, ein Türke, ein Heide, kann dadurch noch selig werden, daß er auf dem Sterbebette sich zu Gott wendet, mit vollkommener Liebesreue um Verzeihung bittet und zugleich das zu tun und zu empfangen wünscht, was er mit der Gnade Gottes als zum Heile notwendig

erkennt. Gott will ja, daß alle Menschen selig werden, allen bietet er seine rettende Hand und nur, wer sie zurückstößt, geht zu Grunde. Wie nachher zu zeigen, kann die vollkommene Reue mit Hilfe einer besonderen göttlichen Gnade in einem Augenblicke und bloß mit dem Herzen erweckt werden. Die Gnade zündet zuweilen in der Seele plötzlich, wie ein Blitzstrahl. Insofern wir aber Mitwirken müssen, wird uns diese Reue im Tode umso leichter werden, je öfter und herzlicher wir sie im Leben geübt haben.

IV. WIE KANN DIE VOLLKOMMENE REUE ERWECKT WERDEN?

Diese Frage ist die wichtigste. Mit Recht sagt der gottselige Thomas von Kempen: „Lieber ist es mir, Zerknirschung des Herzens zu empfinden, als erklären zu können, was sie ist." Manche stellen sich die vollkommene Reue zu schwer vor, als etwas, das nur für erhabene heilige Seelen erreichbar sei. Das ist irrig. Jeder Mensch, auch der einfältigste und ungelehrteste, auch der größte Sünder kann und soll sie erwecken, ja unter Umständen hängt sein ewiges Heil davon ab. Andererseits darf man sich diese Reue auch nicht zu leicht denken. Es gehört vielmehr von Seiten des Menschen ein fester entschiedener Wille, von Seiten Gottes eine besondere, außerordentliche Gnade dazu. Gott versagt aber diese Gnade keinem, der ihn inständig darum bittet und selbst nach Kräften mitwirkt.

Viele Worte tun es nicht, die Reue muß im Herzen sein. Der hl. Franziskus seufzte einstmals eine ganze Nacht zu Gott: „O mein Gott und Alles! o mein Gott und Alles: o du allersüßester mein Gott und Alles!" Das war eine vollkommene Liebe. In ähnlichen kurzen Anmutungen kann die vollkommene Reue erweckt werden. David, welcher sich eines Ehebruchs und Mordes schuldig gemacht hatte, sprach nur: „Ich habe dem Herrn gesündigt", und gleich hörte er vom Propheten die Worte: „So hat der Herr auch deine Sünde hinweggenommen." (2 Kön. 12.) Der Zöllner schlug an seine Brust, sprechend: „Herr, sei mir Sünder gnädig", und er ging gerechtfertigt nach Hause. (Lk 18.) Beide hatten in ihrem Herzen eine innige Liebe zu Gott und einen überaus großen Schmerz wegen der Beleidigung, welche sie ihm zugefügt, zugleich mit festen Willen, sich zu bessern und genugzutun, obschon sie nicht dieses alles durch Worte ausdrückten.

Das sicherste Kennzeichen der vollkommenen Reue sind entsprechende Taten, nämlich baldige Beichte, wenn sie möglich, wahre Lebensbesserung, Flucht der Gelegenheiten, Aussöhnung mit den Nebenmenschen, Bußwerke, Eifer im Gebete, in Erfüllung der Standespflichten, in Ausübung der Nächstenliebe usw. Die vollkommene Liebe und Reue ist kein aufflackerndes und bald erlöschendes Strohfeuer, sondern eine das Herz entzündende und andauernde Glut. Durch öftere Erweckung empfängt die innere Glut neue Nahrung und wird zur Flamme angefacht. Herzliche Reuetränen, wie bei Magdalena und Petrus, sind eine besondere Gnade, aber keineswegs notwendig.

Die vollkommene Reue ist, wie gesagt, eine Gnade, welche durch Gebet und Mitwirkung erlangt wird. Darum bete öfter und mit Inbrunst um eine wahre herzliche Liebesreue. Rufe die heiligen Büßer um ihre Fürbitte an, wende dich an Maria, die Zuflucht der Sünder. Weil man ferner seine Sünden, um sie zu bereuen, erst erkennen muß, so erforsche fleißig dein Gewissen, womöglich jeden Abend (namentlich über deinen Hauptfehler). Die Selbstprüfung und Selbsterkenntnis wird dir die Augen darüber öffnen, wie zahllose und große Beleidigungen du seither schon deinem Gott zugefügt hast. Strafe dich selbst durch Bußwerke je nach deinen Verhältnissen und der Größe deiner Vergehungen.

Solche Werke sind: Fasten oder wenigstens ein kleiner Abbruch in

Speise und Trank, Abtötung der Augen, der Zunge, Enthaltung von einem erlaubten Vergnügen, ein Almosen, insbesondere die geduldige Ertragen von Leiden und Beschwerden als Buße für die Sünden. Endlich erwäge öfters die nachfolgenden Beweggründe der vollkommenen Reue. Du brauchst selbe nicht immer alle auf einmal durchzugehen, sondern kannst bei dem einen oder andern Punkte, welcher dich besonders ergreift, stehen bleiben und in herzlichen Anmutungen die Liebesreue erwecken. „Viele sind meiner Seufzer und mein Herz ist betrübt." (Klagel. 1, 22.)

V. Beweggründe der vollkommenen Reue

Betrachte die höchste Güte Gottes gegen dich. Er hat dich aus Gnaden erschaffen, aus Erbarmen erlöst, aus Liebe mit zahllosen Wohltaten überhäuft. Er hat dich vor so vielen Millionen Menschen bevorzugt, da er dich durch die hl. Taufe zu seinem Kinde machte, in der wahren Kirche dir so viele Mittel zur Erlangung der ewigen Seligkeit bereitete. Konnte er dich nicht im Nichts lassen, konnte er dich nicht im Heidentum oder im Irrglauben geboren werden lassen? . . . Dein ganzes Leben ist eine Kette von göttlichen Wohltaten des Leibes (Nahrung, Kleidung, Gesundheit ect.). . . und den noch größeren der Seele (christliche Erziehung, so viele heilige Messen, Kommunionen ect.). . . Und wie langmütig hat Gott dich geliebt! Der Engel hat er nicht geschont, sondern sie gleich nach der ersten Sünde in den Abgrund gestürzt, deiner hat er geschont! So viele Menschen, die vielleicht weniger gesündigt, als du, sind jetzt schon in der Hölle, dir aber gibt Gott noch Zeit zur Buße…

Und diesen gütigen Gott hast du verlassen und beleidigt! Wie betrübt es dich selbst, wenn ein Mensch für eine kleine Wohltat, die du ihm erwiesen, sich undankbar zeigt! Und du bist gegen deinen Gott, der dir zahllose Wohltaten erwiesen, so undankbar gewesen!

Wie wehe tut es einem Vater, wenn sein eigenes Kind gegen ihn lieblos und boshaft ist! O wie unendlich wehe hast du deinem Gotte getan! . . . O undankbare Seele, o treuloses Kind, erkennst du jetzt deine Bosheit, tut sie dir über alles leid? . . .

Erhebe deinen Geist höher und betrachte die höchste Güte Gottes in sich selbst. Er ist das allerhöchste Gut, der Allmächtige, Ewige, Unermeßliche, der unendlich Heilige. Wie ehrwürdig und heilig ist sein Wille, sein Gebot! Du aber hast diesen unendlich ehrwürdigen Willen deines höchsten Herrn, dem im Himmel und auf Erden alles huldigt, gering geachtet und sein Gebot frech übertreten − unter seinen Augen, während er dich in seiner Hand trug; es ist, als ob du ihn ins Angesicht geschlagen. O welch ein Ungehorsam! Welch eine Beleidigung!... Er ist das allervollkommenste, das allerschönste Gut, dessen Anschauung und Besitz die Bewohner des Himmels jetzt und in alle Ewigkeit mit unendlicher Freude und Seligkeit erfüllt. Auch dir will er in seiner großen Liebe sich zu eigen geben. Für die treue Erfüllung seiner so süßen und leichten Gebote sollst du ihn selbst besitzen, jetzt in der Gnade, dereinst in der Glorie, sollst im Himmel ewiglich seine unermeßliche Herrlichkeit schauen, seine göttliche Seligkeit verkosten, sollst in ihm ruhen, in ihm unendlich selig sein: er selbst will „dein überaus großer Lohn" sein. Und du hast ihn verschmäht! Du hast, da du Sünde tatest, den unendlich vollkommenen Gott einer schnöden Lust, einer eitlen Ehre, einem elenden Erdengute nachgesetzt. O welch eine Geringschätzung! . . . Er ist das allerliebenswürdigste Gut, würdig, um seiner selbst willen von allen Geschöpfen im Himmel und auf Erden jetzt und in alle Ewigkeit geliebt und gepriesen zu werden; und alle guten Herzen im Himmel und auf Erden lieben ihn, sie loben und sie preisen ihn. Nur du hast ihn nicht geliebt; ach! du hast anstatt ihn zu lieben, mit deinen Sünden ihn beleidigt, hast ihm durch deine schändlichen Sünden, welche er unendlich haßt und verabscheut, das höchste Mißfallen bereitet. O welch eine Lieblosigkeit gegen das allerliebenswürdigste Gut! Welch ein Unrecht, welch eine Bosheit!...

65

O Elender, was hast du getan?! Wie war es doch möglich! Du Erdenwurm, du armseliges Nichts hast dich wider deinen höchsten Herrn erhoben, hast ihn, das höchste Gut verschmäht, hast ihn, deinen Gott beleidigt! O, woher willst du die Tränen nehmen, solches nach Gebühr zu beweinen? Ach, vor Leid und Weh müßte das Herz dir zerspringen! So verfluche und bereue denn deine Sünden vor dem Angesichte des von dir so schwer beleidigten Gottes, beteure ihm für alle Zukunft deine Liebe, deinen festen Vorsatz, ihn in alle Ewigkeit nicht mehr zu beleidigen; und dann flehe um Vergebung durch seine Huld und Jesu Blut! Hoffe und vertraue! Gott ist auch ein unendlich barmherziger Vater, die Barmherzigkeit gehört zu seinem Wesen, sie ist eine seiner göttlichen Vollkommenheiten: er wird dich nicht verstoßen. Fliehe in das geöffnete Herz Jesu: es steht für die Sünder offen!

GEBETE DER VOLLKOMMENEN REUE

O unendlich barmherziger Gott! siehe mich armen Sünder zu deinen Füßen gnädig an. Gedenke deines Wortes: „Ich will nicht den Tod des Sünders, sondern daß er sich bekehre und lebe." Mit zerknirschtem und demütigem Herzen bekenne ich vor dir: Vater, ich bin nicht mehr wert, dein Kind zu heißen! Ach, wer gibt meinem Haupte Wasser und meinen Augen einen Tränenquell, daß ich weine Tag und Nacht über meinen Undank und meine Bosheit gegen dich, o höchstes Gut! Rühre du, o Gott der Erbarmung, mein hartes Herz und gib mir eine so bitterliche Reue, wie du gegeben der hl. Maria Magdalena, dem hl. Petrus, dem Schächer am Kreuze und allen heiligen Büßern. Laß mich meine Sünden so hassen und verabscheuen, wie deine unendliche Heiligkeit sie haßt und verabscheut!

Ja, es reut mich und, so lange ich lebe, wird es mich reuen, daß ich dich meinen gütigsten und liebenswürdigsten Gott, so oft und schwer beleidigt habe, besonders durch diese Sünden (hier denke an deine Hauptsünden.) Diese und alle Sünden meines ganzen Lebens, bewußte und unbewußte, sind mir aus dem innersten Grunde meines Herzen leid, nicht wegen der Strafe der Hölle, welche ich verdient; auch nicht wegen der Seligkeit des Himmels, deren ich mich unwürdig gemacht: sondern ganz und allein aus Liebe zu dir, weil ich gegen dich, meinen liebevollsten Schöpfer und Erlöser, meinen besten Vater und größten Wohltäter, so treulos gewesen und deine Guttaten mit Undank vergolten habe. Meine Sünden schmerzen mich über alles, weil ich dadurch dich, das höchste, schönste und liebenswürdigste Gut beleidigt habe, der du unendlich gut, unendlich heilig, unendlich vollkommen und deiner selbst wegen würdig bist, zu jeder Zeit und von allen Geschöpfen unendlich geliebt und gelobt zu werden.

Siehe, o mein Gott, mein höchstes Gut! jetzt liebe ich dich über alles, und ich will dich lieben in alle Ewigkeit. Möchte doch meine Liebe so groß und vollkommen sein, wie die Liebe Mariä, der Seraphim und aller Auserwählten im Himmel und auf Erden! Aus dieser Liebe beweine und verfluche ich meine Sünden. Ich wünsche, daß ich dich nie beleidigt hätte, und daß ich mit meinem Blut und Leben alle meine Vergehungen und Fehltritte austilgen könnte. Laß mich, o mein Gott und barmherzigster Vater, Gnade und Verzeihung bei dir finden, die ich von dir durch Jesu Blut und Kreuzestod zu erlangen hoffe. Ja, verzeihe mir! Vater, verzeihe deinem Kinde!

Unter deinem Beistande nehme ich mir ernstlich und kräftig vor, meine Sünden zu beichten, mein Leben zu bessern und alle nächsten Gelegenheiten und Gefahren sorgfältig zu vermeiden. Ich will lieber alles verlieren, ich will lieber tausendmal den bittersten Tod leiden, als dich meinen liebenswürdigsten Gott, in Zukunft jemals durch eine schwere Sünde beleidigen. Aus Liebe zur dir will ich alle läßlichen Sünden nach Kräften meiden und dir alle Tage meines Leben treu dienen bis in den Tod. Stärke mich dazu mit deiner Gnade! Darum bitte ich dich durch Jesum Christum, deinen vielgeliebten Sohn, unsern Herrn und Heiland, durch die allerseligste Jungfrau Maria und alle heiligen Engel und Auserwählten. Amen.

Kürzeres Gebet der vollkommenen Reue

O mein Gott! ich liebe dich über alles und aus meinem ganzen Herzen. Es schmerzt mich, daß ich dich beleidigt habe. Ich hasse und verfluche nun von ganzem Herzen alle meine Sünden, weil ich dich, mein höchstes und liebenswürdigstes Gut, dem ich allen Dienst und alle Verehrung schuldig bin, dadurch beleidigt habe. Aus innigster Liebe und weil ich dich über alles schätze, fasse ich den festen Entschluß, nie mehr etwas zu tun, was deinem heiligsten Willen zuwider ist oder mich in Gefahr bringen könnte, deine heilige Gnade zu verlieren. Herr, sei mir armen Sünder gnädig! Amen. (Vom hl. Franziskus Xaverius.)

Noch kürzere Weisen

O mein Gott und Herr, mein höchstes Gut! ich liebe dich über alles. Darum ist es mir herzlich leid, daß ich dich jemals erzürnt und beleidigt habe. Vergib mir! Ich will lieber sterben, als wieder sündigen!

Oder:

Ich bereue von ganzem Herzen, daß ich dich, meinen lieben Gott und Herrn, beleidigt habe!
Auch solche kurzen Formen können genügen, vorausgesetzt, daß sie wahrhaft von Herzen kommen.

Vollkommene Reue
vor einem Bildnis des Gekreuzigten

Betrachte andächtig deinen in den Nägeln hangenden Heiland, seine Wunden und Schmerzen, Schmach und Tod. Schaue an seine durchbohrten Hände und Füße, sein mit Dornen gekröntes königliches Haupt, seinen mit Blut überronnenen, allerheiligsten Leib. Dann frage dich selbst: Wer ist denn derjenige, den ich hier in einem so traurigen Zustande erblicke! Es ist der Sohn Gottes, dein Gott und Herr! . . . Was

ist die Ursache dieses seines grausamen Todes? Es ist die Sünde, die abscheuliche, fluchwürdige Sünde! . . . Für wen duldet er, der Allerheiligste, diese entsetzlichen Leiden? Für dich, o undankbares Geschöpf! . . .
Ja, du hast ihm seine unendliche Liebe mit schwarzem Undanke vergolten, hast ihn durch deine Sünden gleichsam von Neuem gekreuzigt. O wie konntest du doch dem geliebten Jesus solches Leid antun? . . . In bitterlichem Reueschmerze umfasse im Geiste wie Magdalena das Kreuz, bekenne deine Schuld, deinen Undank und flehe um Gnade!

GEBET ZU JESUS

O mein liebenswürdigster Jesus, der du mit Blut überronnen hier um Kreuze hängst! vom Grunde meines Herzens bereue ich alle meine Sünden und zwar darum, weil ich gegen dich, o Jesu, so undankbar und treulos gewesen, weil ich dich meinen gütigsten Gott und barmherzigsten Erlöser, beleidigt habe, der du für mich armen Sünder all dein kostbares Blut vergossen und einen so bitteren Tod gelitten hast. Ach! wie konnte ich ein so großes Übel tun, wie konnte ich dich, o höchstes liebenswürdigstes Gut, so oft und schwer beleidigen! Barmherzigster Jesu, verzeihe mir! Ich nehme mir festiglich vor, meine Sünden zu beichten, mein Leben zu bessern und dich nie mehr vorsätzlich zu beleidigen. O Jesu, gib mir deine Gnade dazu. Amen.

ODER KÜRZER:

„Jesus, mein Gott! ich liebe dich über alles!" Aus dieser Liebe bereue und verfluche ich alle meine Sünden, weil ich dich dadurch beleidigt habe. „Mein Jesus, Barmherzigkeit!" Verzeihe mir und laß mich lieber sterben, als dich wieder beleidigen!

ODER:

Verflucht seien meine Sünden, weil ich meinen gekreuzigten Jesus dadurch beleidigt habe!

Erbarme dich meiner, o Gott, nach deiner großen Barmherzigkeit und nach der Menge deiner Erbarmungen tilge aus meine Missetaten! O mein Gott und Vater! Wie sehr reuet und schmerzt es mich jetzt, daß ich deinen heiligsten Willen nicht getan, daß ich gesündigt und dich beleidigt habe.

O barmherziger Gott, reinige mich doch mehr und mehr von allen meinen Missetaten. Du siehst und kennst mein Herz, o Gott, wie sehr es mich reut, dich jemals beleidigt zu haben! O könnte ich doch meine Tage zurückrufen, um mein sündiges Leben wieder gut zu machen! Ach, vergib mir, Vater im Himmel, vergib mir um Jesu, deines Sohnes willen!

Aus der Tiefe meiner Armut und meines Elendes rufe ich zu dir, o mein Gott! Erbarme dich meiner und tilge aus meine Missetat! Nimmermehr will ich wieder sündigen, niemals mehr deinen heiligsten Willen übertreten.

O Gott, verzeihe deinem Kinde! Jetzt sehe ich ein, wie sehr du aller Liebe wert bist!

Gerechter und barmherziger Gott! Ich opfere dir für meine Sünden die Liebe und das Blut deines geliebten Sohnes auf. Mit dem Leiden und dem Tode deines lieben Sohnes will ich alle meine Schulden bezahlen.

Ja ich glaube und hoffe, daß du mich armen Sünder nicht verwirfst! Ich will leiden und büßen, ich habe es nicht besser verdient. Dein Wille, o Vater, geschehe! Erbarme dich meiner!

O Jesus, sei mir gnädig! O Jesus, sei mir barmherzig! O Jesus, verzeihe mir alle meine Sünden!

O Jesus! Es schmerzt mich über alles, daß ich dich jemals beleidigt habe. Aber ich hoffe und vertraue auf dein hl. Blut. Wasche doch meine Seele rein von aller Schuld und Missetat!

Man kann sich auch eines jeden andern Reuegebetes bedienen, worin die vollkommene Reue enthalten ist. Sehr wirksam sind die sieben

Bußpsalmen, namentlich der vierte: „**Erbarme dich meiner, o Gott, nach deiner großen Barmherzigkeit**" und der sechste: „**Aus der Tiefe, o Herr, rufe ich zu dir.**"

MERKE DIR NOCH DIESE REGELN:

1. Je schwerer die Sünde, desto größer sei die Reue, und je kürzer die Worte, desto herzlicher sei der Schmerz.

2. Mit der vollkommenen Reue muß verbunden sein der (wenigstens eingeschlossene) Wille, die Sünden bei nächster Gelegenheit zu beichten, ferner ein wahrer Hasse und Abscheu gegen dieselben und der feste Vorsatz, sie nie wieder zu tun, die Ablegung alles Zornes und Widerwillens gegen den Nächsten, die Flucht der Gelegenheit zur Sünde, die Ersetzung des zugefügten Schadens, die Wiedererstattung fremden Eigentums und guten Namens, soviel als geschehen kann.

3. Erwecke oftmals die Liebesreue, je öfter, desto besser. Die stete Übung wird bewirken, daß du in allen Umständen, sie mögen noch so unerwartet sein, z.B. in plötzlicher Todesgefahr, eine vollkommene Reue wirst erwecken können. Ein geübter Soldat weiß sich leicht zu finden, wenn er auch unversehens vom Feinde angegriffen wird. Zum öftern Gebrauche eignen sich besonders kürzere Formeln, wie oben einige mitgeteilt sind.

ÜBUNGEN DES VERTRAUENS
BESONDERS FÜR KLEINMÜTIGE UND KRANKE

Auf dich hoffe ich, O Herr! laß mich nicht zu Schanden werden. Keiner wird zu Schanden, der auf den Herrn vertraut. (Ps. 24)

Wir haben einen Fürsprecher bei dem himmlischen Vater, Jesum

Christum, den Gerechten, der die Versöhnung ist für unsere und der ganzen Welt Sünden. (1 Joh 2.)

Der Herr ist gnädig und barmherzig, langmütig und von großer Erbarmung. Wie sich ein Vater erbarmt über seine Kinder, also erbarmt sich der Herr über diejenigen, die ihn fürchten; denn er weiß wohl, was für gebrechliche Geschöpfe wir sind. (Ps. 102.)

So wahr ich lebe, spricht der Herr, ich will nicht den Tod des Sünders, sondern daß er sich bekehre und lebe. (Ez 33.)

Was bist du kleinmütig, meine Seele? Offenbare dem Herrn deine Wege und hoffe auf ihn, er wird alles gut machen. Er wird dich selig machen, weil du auf ihn vertraut hast. (Ps 36.)

Der Herr ist mein Licht und mein Heil, wen soll ich fürchten? Der Herr ist der Beschirmer meines Lebens, vor wem soll ich zittern? Ps 26.)

Auf ihn vertrauend wirst du das Land der Auserwählten besitzen und den heiligen Berg Gottes, den Himmel, zum Erbteil einnehmen. (Is.57.)

GEBET DER REUE

Ich habe gesündigt, o Herr; groß sind meine Vergehen und viele Sünden ängstigen meine Seele. Dennoch lasse ich die Hoffnung nicht sinken; denn wo die Verbrechen überhandgenommen, da hat deine Gnade noch mehr überhandgenommen. Wer an der Verzeihung seiner Sünden verzweifelt, der leugnet, daß du ein barmherziger Gott bist. Wer nicht vertraut auf deine Barmherzigkeit, der fügt dir ein großes Unrecht zu. – Die Menge meiner Sünden soll mich nicht mehr erschrecken, wenn ich an deinen Tod denke, o mein Jesus! Die Nägel, die Lanze rufen mir zu: du bist versöhnt, wenn du nur Jesum liebst! Longinus hat mir deine Seite geöffnet, da gehe ich hinein, da ruhe ich sicher. Nichts reißt so mächtig hin zu deiner Liebe, als dein Tod, wodurch du mich erlöset hast. Du neigst dein Haupt im Tode, um mir unwürdigen Sünder den Kuß der Versöhnung und der Freundschaft zu geben; du streckest am Kreuze deine Arme und Hände aus und bist bereit, mich zu umfangen. In deiner Umarmung, o Herr, will ich leben und verlange ich zu sterben. Amen. (Hl. Augustinus)

LITANEI VON DER LIEBESREUE
(von dem ehrwürdigen Papste Pius VI)

Herr, erbarme dich meiner!
Christe, erbarme dich meiner!
Herr, erbarme dich meiner!
Gott Vater vom Himmel, — **erbarme dich meiner!**
Gott Sohn, Erlöser der Welt! —
Gott Heiliger Geist, —
Heilige Dreifaltigkeit, ein einiger Gott, —
Der du deine Allmacht und Güte durch Verschonen und langmütige Nachsicht offenbarest, —
Der du die Bekehrung der Sünder so geduldig erwartest, —
Der du die Sünder zur Buße so liebreich einladest, —
Der du dich über die Bekehrung der Sünder so sehr erfreuest, —
Daß ich gesündigt habe, — **reuet mich von Herzen, o Gott!**
Daß ich so oft und schwer gesündigt habe, —
Daß ich mit Gedanken, Worten und Werken gesündigt habe, —
Daß ich so vorsätzlich und mutwillig gesündigt habe, —
Daß ich durch unzählbare Nachlässigkeiten und Versäumnisse gesündigt habe, —
Daß ich deine heiligen Gebote so frech übertreten habe, —
Daß ich deine Allmacht nicht gefürchtet habe, —
Daß ich deine Liebe verachtet habe, —
Daß ich deine Güte und Langmut mißbraucht habe, —
Daß ich die Wunden und Schmerzen deines göttlichen Sohnes erneuert habe, —
Daß ich mich deiner gerechten Strafe in dieser und in der andern Welt schuldig gemacht habe, —
Wegen alles dieses, — **reut es mich von Herzen, o Gott!**
Aber noch weit mehr und vor allem wegen deiner selbst, —

Weil ich dich beleidigt habe, —
Weil ich dir mißfallen habe, —
Weil ich dich nicht über alles geliebt habe, —
In Vereinigung mit jener heftigen Liebesreue, welche jemals alle
heiligen Büßer gehabt haben, —
In Vereinigung mit jenem äußersten Abscheu vor der
allermindesten Sünde, welchen die jungfräuliche Mutter Maria
jederzeit getragen, —
In Vereinigung mit jenen unbegreiflichen Schmerzen, welche
dein göttlicher Sohn auf dem Ölberg wegen meiner und der
ganzen Welt Sünden in seinem Herzen empfunden, —

O du Lamm Gottes, welches du hinwegnimmst die Sünden
der Welt,   — **verschone uns, o Herr!**
O du Lamm Gottes…   — **erhöre uns, o Herr!**
O du Lamm Gottes…   — **erbarme dich unser, o Herr!**

Vater unser…

VIERTER TEIL

EINIGE MIT ABLÄSSEN VERSEHENE GEBETE
(Zum privaten und öffentlichen Gebrauch)

Für die unvollkommenen Ablässe wird gefordert der Stand der Gnade, reumütige Gesinnung und die (etwa beim Morgengebete) auf die Gewinnung der Ablässe gerichtete Meinung; für die angeführten vollkommenen Ablässe außerdem noch die tägliche Verrichtung des betreffenden Gebets einen Monat lang und dann Beichte, Kommunion, Besuch einer Kirche oder öffentlichen Kapelle und daselbst Gebet nach der Meinung des Papstes (die üblichen Ablaßgebete oder 5 Vater unser).

AUFOPFERUNG ALLER HEILIGEN MESSEN

Herr, allmächtiger Gott! siehe ich werfe mich vor dir nieder, um deine göttliche Majestät im Namen aller Geschöpfe anzubeten und zu versöhnen. Wie aber sollte ich, selbst ein Armseliger, ein Sünder, dieses vermögen? Und doch, ich kann es, ich will es; denn ich weiß, daß es dein Wohlgefallen ist, der Vater der Barmherzigkeit genannt zu werden, und daß du aus Liebe zu uns deinen eingeborenen Sohn hingegeben hast, der sich am Kreuze für uns geopfert hat und unablässig auf unsern Altären das Opfer seiner Selbst für uns erneuert. Und darum, wiewohl ein Sünder, aber ein reuiger Sünder, wiewohl ein Armseliger, aber reich in Jesus Christus, stelle ich mich dir vor, um dir in Vereinigung mit der Liebesglut der Engel und der Heiligen, und mit den Anmutungen des unbefleckten Herzens der allerseligsten Jungfrau im Namen aller Geschöpfe alle heiligen Messen aufzuopfern, die gegenwärtig gefeiert werden; zugleich mit allen Messen, die bereits gefeiert worden sind und bis zum Ende der Welt gefeiert werden sollen.

Ich mache ferner die Meinung, diese Aufopferung in jedem Augenblicke dieses Tages und meines ganzen Lebens zu erneuern, um deiner unendlichen Majestät eine deiner würdige Ehre und Verherrlichung zu erweisen, um deinen Unwillen zu besänftigen und deiner Gerechtigkeit genug zu tun für unsere vielen und großen Sünden, um dir einen deinen Wohltaten entsprechenden Dank zu erstatten, und um deine Erbarmungen anzurufen über mich und alle Sünder, über alle lebenden und abgestorbenen Gläubigen, über die ganze Kirche und vorzüglich über ihr sichtbares Oberhaupt, den Heiligen Vater in Rom und endlich auch über alle Unglücklichen, die in der Spaltung, in der Ketzerei und im Unglauben dahinleben, damit sie sich bekehren und damit auch sie gerettet werden. Amen.

Ablaß von 3 Jahren, wenn man zu Anfang des Tages vorstehende Aufopferung betet (Pius IX. Breve v. 11. April 1860)

Gebet bei den gegenwärtigen Gefahren der Kirche und des Glaubens

Süßester Jesus, du unser göttlicher Meister! der du die bösen Anschläge, mit welchen die Pharisäer dich oftmals verfolgten, stets zu Schanden gemacht hast: vereitle die Pläne der Gottlosen und aller derer, welche in der Feigheit ihres Geistes mit ihren listigen Fallstricken dein Volk zu umgarnen und zu fesseln bemüht sind. Erleuchte mit dem Lichte deiner Gnade uns alle, die wir deine Schüler sind, damit wir nicht verdorben werden durch die Arglist der Weisen dieser Welt, welche ihre falschen und verderblichen Grundsätze überall verbreiten, um auch uns in ihre Irrtürmer zu ziehen. Gib uns ein solches Glaubenslicht, daß wir die Nachstellungen der Gottlosen erkennen, die Lehren deiner heiligen Kirche fest glauben und die Grundsätze der Feinde der Wahrheit standhaft von uns weisen. Amen.

Ablaß von 100 Tagen (Dekret vom 22. Okt. 1860)

Glaubensübung

O mein Gott! ich glaube an dich und alles, was du geoffenbart hast und was die heilige katholische Kirche zu glauben vorstellt. Ich glaube insbesondere, daß Maria, die seligste Jungfrau, wahrhaft ist die Gottesgebärerin; ich glaube fest und unbezweifelt, daß sie Mutter und

Jungfrau zugleich ist und frei von jeder auch der kleinsten persönlichen Sünde. Ebenso fest und zweifellos glaube ich, daß Maria im ersten Augenblicke ihrer Empfängnis durch besondere Gnade und Bevorzugung von Seiten des allmächtigen Gottes im Hinblicke auf die Verdienste Jesu Christi, des Erlösers des Menschengeschlechts, unversehrt von jeder Makel der Erbsünde bewahrt worden ist.

Ebenso fest und unbezweifelt glaube ich: daß der römische Papst, wenn er von seinem Lehrstuhle aus spricht, das heißt, wenn er in Ausübung seines Amtes als Hirte und Lehrer aller Christen, kraft seiner höchsten apostolischen Gewalt eine von der gesamten Kirche festzuhaltende, den Glauben oder die Sitten betreffende Lehre entscheidet, vermöge des göttlichen im hl. Petrus ihm verheißenen Beistandes jene Unfehlbarkeit besitzt, mit welcher der göttliche Erlöser seine Kirche in Entscheidung einer den Glauben oder die Sitten betreffenden Lehre ausgestattet wissen wollte, und daß daher solche Entscheidungen des römischen Papstes aus sich selbst, nicht aber erst durch Zustimmung der Kirche unabänderlich sind.

Dies alles glaube ich, weil es deine hl. Kirche, welche die Säule und Grundfeste der Wahrheit ist, welche nie geirrt hat und nie irren kann, zu glauben vorstellt.
Ablaß von 100 Tagen (Rescript vom 6. Jan. 1871)

GEBET FÜR DIE KIRCHE

O erbarmungsvollster Jesu! Du allein bist unser Heil, unser Leben und unsere Auferstehung. Dich also bitten wir, verlaß uns nicht in unseren Nöten und Bedrängnissen, sondern durch die Todesangst deines heiligsten Herzens und durch die Schmerzen deiner unbefleckten Mutter komme zu Hilfe deinen Dienern, die du durch dein kostbares Blut erlöset hast! Amen.
Ablaß von 100 Tagen, einmal täglich. (Dekret vom 6. Okt. 1870)

AUFOPFERUNG DES KOSTBAREN BLUTES

Ewiger Vater! ich opfere dir auf das kostbare Blut Jesu Christi zur Sühnung für meine Sünden und für die Anliegen der heiligen Kirche.
Ablaß von 100 Tagen [d. i. zuwendbar an die Verstobenen] (Pius VII. Rescript vom 29. März 1817)

GEBET UM DEN FRIEDEN

Verleihe, o Herr, den Frieden in unseren Tagen, weil kein anderer ist, der für uns kämpft, als du unser Gott.
V: Es werde Friede in deiner Kraft.
A: Und Überfluß in deinen Türmen.

Lasset uns beten. O Gott, von welchem die heiligen Begierden, die guten Entschlüsse und die gerechten Werke herkommen: gib deinen Dienern jenen Frieden, welchen die Welt nicht geben kann, damit unsere Herzen deinen Geboten ergeben und unsere Zeiten, von der Feinde Furcht befreit, durch deinen Schutz friedsam seien; durch Christum unsern Herrn. Amen.
100 Tage; monatlich vollkommener Ablaß (Dekret vom 18. Sept. 1848)

GEBET FÜR DIE MIT DEM TODE RINGENDEN

O gütigster Jesu, Liebhaber der Seelen! ich beschwöre dich durch die Todesangst deines heiligsten Herzens und durch die Schmerzen deiner heiligsten Mutter, wasche in deinem Blute alle Sünder auf der ganzen Welt, welche jetzt im Todeskampfe liegen und heute noch sterben werden. Amen.
Herz Jesu, das du die Todesangst gelitten, erbarme dich der Sterbenden!
Ablaß von 100 Tagen (Pius IX. Dekr. vom 2. Febr. 1850) – Man hat berechnet, daß täglich auf der ganzen Erde ungefähr 80.000 Menschen sterben. Bei jedem Atemzuge, den du tust, haucht irgendwo ein Sterbender seine Seele aus. Wenn du oft für die mit dem Tode Ringenden betest, so wird es dir in deiner eigenen Todesnot zu Gute kommen.

DREI VATER UNSER UND DREI AVE MARIA
FÜR DIE MIT DEM TODE RINGENDEN

100 Tage; monatlich vollkommener Ablaß (Dekret vom 18. April 1809) - Man betet und zwar k n i e n d , sofern nicht Unwohlsein darin hindert, 3 V a t e r u n s e r zum Andenken an das Leiden und die Todesangst Christi und die 3 A v e M a r i a zur Erinnerung an die Schmerzen Mariä unter dem Kreuze.

SCHUßGEBETE

„Jesus, mein Gott, ich liebe dich über alles!"
(50 Tage Ablaß)

„Mein Jesus Barmherzigkeit!"
(100 Tage. Der hl. Leonardus pflegte diese Anrufung den Sterbenden oft vorzusprechen).

„Süßestes Jesus, sei mir nicht Richter, sondern Erlöser!"
(50 Tage Ablaß)

„Süßes Herz Mariä, sei meine Rettung!"
 (300 Tage, Ablaß)

„O Maria, ohne Sünde empfangen, bitte für uns, die wir unsere Zuflucht zu dir nehmen!"
(100 Tage Ablaß)

„O Maria, die du ohne Makel in die Welt eingetreten bist, ach! Erlange mir von Gott, daß ich ohne Schuld aus ihr scheide!"
(100 Tage einmal täglich.)

„Jesus, Maria, Joseph! euch schenke ich mein Herz und meine Seele. Jesus, Maria, Joseph! stehet mir bei im Todeskampfe. — Jesus, Maria, Joseph! möge meine Seele mit euch im Frieden von hinnen scheiden."
(300 Tage für diese dreimalige Anrufung, 100 Tage für jede einzelne Anrufung) Dekret vom 7. Mai 1854, 3. Sept. 1857, 11. Aug. 1851, 30. Sept. 1852, 9. Jan. 1852, 27. März 1863, 29. April 1807.

GEBET UM DEN GÖTTLICHEN BEISTAND
AN UNSERM LEBENSENDE

Herr Jesus Christus, Gott der Güte, Vater der Barmherzigkeit! mit demütigem Herzen zerknirscht und beschämt erscheine ich vor dir und empfehle dir meine letzte Stunde und alles, was nach derselben mich erwartet.

Wenn meine erstarrten Füße mich mahnen werden, daß mein Lebenslauf in dieser Welt zu Ende gehe; **dann barmherziger Jesu, erbarme dich meiner!** [7]

Wenn meine zitternden und unruhigen Hände nicht mehr im Stande sind, das Kruzifix zu halten, sondern es unwillkürlich auf mein Schmerzensbett zurücksinken lassen; **dann barmherziger Jesu, erbarme dich meiner!**

Wenn meine verdunkelten und krampfhaft sich wendenden Augen bei der Angst des nahen Todes nur noch matte und sterbende Blicke auf dich werfen; **dann, barmherziger Jesu, erbarme dich meiner!**

Wenn meine kalten und bebenden Lippen zum letzten Male deinen anbetungswürdigen Namen aussprechen; **dann, barmherziger Jesu, erbarme dich meiner!**

Wenn meine bleichen entstellten Wangen die Anwesenden mit Mitleid und Schrecken erfüllen, und die vom Todesschweiße befeuchteten Haare auf meinem Haupte sich sträuben und mein baldiges Ende verkünden; **dann, barmherziger Jesu, erbarme dich meiner!**

---

[7] Dieses Gebet kann auch als Wechselgebet nach Art einer Litanei verrichtet werden. Einer betet vor, die andern sprechen als Antwort: „Dann, barmherziger Jesu, erbarme dich meiner!"

Wenn meine Ohren anfangen, auf immer sich der Ansprache der Menschen zu verschließen, und sich öffnen, deine Stimme zu vernehmen, die das unwiderrufliche Urteil sprechen wird, welches mein künftiges Schicksal für die ganze Ewigkeit bestimmt; **dann, barmherziger Jesu, erbarme dich meiner!**

Wenn meine Einbildungskraft, von schauerlichen und entsetzlichen Bildern geängstigt, in tödliche Betrübnis sich versenkt und mein Geist, durch die Vergegenwärtigung aller meiner Sünden und durch die Furcht vor deinem Gerichte verwirrt, ringt und kämpft mit dem Engel der Finsternis, der sich bemühet, mir den trostreichen Hinblick auf deine Erbarmungen zu rauben und mich in den Abgrund der Verzweiflung zu stürzen; **dann, barmherziger Jesu, erbarme dich meiner!**

Wenn mein schwaches Herz, erdrückt von den Schmerzen der Krankheit, überfallen wird von den Schauern des Todes und erschöpft ist von den Kämpfen, welche ich gegen die Feinde meines Heiles zu bestehen haben werde; **dann, barmherziger Jesu, erbarme dich meiner!**

Wenn meine letzte Träne, das Zeichen meiner Auslösung, fließt, nimm sie als eine Sühnungsgabe, damit ich als ein Opfer der Buße entschlafe; und in diesem schrecklichen Augenblicke, **o barmherziger Jesu, erbarme dich meiner!**

Wenn meine Verwandten und Freunde mich umringen und wehmutsvoll über meine mitleidswerte Lage dich um Hilfe und Gnade für mich anrufen; **dann, barmherziger Jesu, erbarme dich meiner!**

Wenn nach Verlust des Gebrauches aller meiner Sinne mir die ganze Welt entschwindet, und ich schwer aufatme in der Angst des letzten Kampfes und in den Schrecken des Todes; **dann barmherziger Jesu, erbarme dich meiner!**

Wenn die Beklemmungen des Herzens meine Seele nötigen, vom Leibe zu scheiden, nimm sie auf als Seufzer heiliger Ungeduld nach baldiger Vereinigung mit dir; und **dann, barmherziger Jesu, erbarme dich meiner!**

Wenn meine Seele schon auf den Lippen schwebend im Begriffe steht, für immer von dieser Welt zu scheiden und meinen Leib bleich, kalt und ohne Leben zurück zu lassen: nimm die Zerstörung meines Lebens als ein Opfer der Huldigung an, welche ich deiner göttlichen Majestät darzubringen komme; **und dann barmherziger Jesu, erbarme dich meiner!**

Wenn endlich meine Seele vor dir erscheinen und zum ersten Male den unsterblichen Glanz deiner Majestät erblicken wird, dann verwirf sie nicht von deinem Angesichte, sondern nimm mich gnädig in die liebevollen Arme deiner Barmherzigkeit auf, damit ich dein Lob ewig singen möge; **dann also, barmherziger Jesu, erbarme dich meiner!**

GEBET

O Gott, der du uns zum Sterben verurteilt, aber die Stunde und den Augenblick des Todes uns verborgen hast, verleihe, daß ich in Gerechtigkeit und heiligem Bestreben alle Tage meines Lebens zubringe, damit ich würdig werde, in deiner heiligen Liebe aus dieser Welt zu scheiden; durch die Verdienste unseres Herrn Jesu Christi, welcher mit dir lebt und regiert in Einigkeit des Heiligen Geistes, Gott von Ewigkeit zu Ewigkeit. Amen.
Ablaß v. 100 Tagen, einmal täglich. (Dekret vom 11. Aug. 1821)

Gebete und Antiphonen
um Abwendung eines plötzlichen und bösen Todes

Erhöre uns, o Gott, unser Heil! und lasse nicht zu, daß unsere Tage eher enden, als du unsere Sünden getilgt hast; und weil in der Hölle die Buße eine verlorene Mühe und keine Zeit mehr zur Besserung ist, so bitten wir dich inständig und flehen zu dir, daß, wie du uns Zeit lässest zur Bitte, du auch die Erlassung unserer Sünden verordnen wollest. Durch Jesum Christum, unsern Herrn, deinen Sohn, welcher mit dir und dem Heiligem Geiste lebt und regiert Gott von Ewigkeit zu Ewigkeit. Amen.

Herr, wir bitten dich, nimm gnädig hinweg alle Verirrungen von deinen Getreuen, und entferne die schnelle Tödlichkeit bösartiger Krankheiten, damit du jene, die du mit Recht auf ihren Irrwegen züchtigest, als Gebesserte durch deine Barmherzigkeit wieder in Gnaden bewahrest. Durch Jesum Christum unseren Herrn, ect.

1. Antiphon.
Meine Seele, höre doch auf zu sündigen! Gedenke an den jähen Übergang zu den ewigen Peinen; denn dort wird die Buße nicht mehr angenommen und Tränen haben dort kein Verdienst. Jetzt da es noch Zeit ist, bekehre dich und rufe: Mein Gott, erbarme dich meiner!

2. Antiphon.
Mitten im Leben sind wir im Tode. Bei wem sollen wir Hilfe suchen, wenn nicht bei dir, o Herr, der du zürnest wegen unsrer Missetaten? Heiliger Gott, heiliger starker, heiliger barmherziger Gott, unser Erlöser! dem bitteren Tode übergib uns nicht!

V: Damit wir nicht am Tage des Todes schnell übereilet, dann erst Zeit zur Buße suchen, wo wir sie nicht mehr finden können. R: Merke auf, o Herr! und erbarme dich unser, denn wir haben wider dich gesündigt.

Wir bitten dich, o Herr! du wollest dein Volk, welches vor deinem Zorne fliehend, seine Zuflucht zu dir nimmt, mit väterlicher Milde aufnehmen: damit jene, welche in einem jähen Tode die Geißel deiner göttlichen Gerechtigkeit fürchten, sich deiner gütigen Verzeihung erfreuen mögen.

Durch Jesum Christum, unsern Herrn, ect.

Wir bitten dich, allmächtiger Gott! du wollest die Versammlung deiner Gläubigen mit versöhnten Blicken ansehen und in deiner Barmherzigkeit deinem gerechten Zorne zuvorkommen; denn wolltest du unsere Missetaten ansehen, so würde kein Geschöpf vor dir bestehen können; aber durch die wunderbare Liebe, womit du uns erschaffen hast, verzeihe uns Sündern und lasse die Werke deiner Hände nicht durch einen jähen Tod zu Grunde gehen. Durch Jesum Christum unsern Herrn, ect.

Herr, erhöre unser Gebet und gehe nicht ins Gericht mit deinen Dienern; denn gleichwie in uns keine Gerechtigkeit gefunden wird, auf die wir uns stützen könnten, so erkennen wir doch dich als die Quelle der Erbarmungen, durch welche wir hoffen dürfen, von unseren Sünden gereinigt und von allen Nöten und dem jähen Tode befreit zu werden. Durch Jesum Christum, unsern Herrn, ect.

O Gott, vor dessen Angesicht jedes Herz erzittert und alle Gewissen erschrecken, laß deine Barmherzigkeit auf uns Flehende überfließen, damit wir, mißtrauend auf den Wert unserer Verdienste, nicht bei einem unversehenen Tode dein strenges Gericht erfahren, sondern Verzeihung erlangen möge. Durch Jesum Christum, unsern Herrn, ect.

GEBET UM ABWENDUNG EINES JÄHEN TODES

O barmherzigster Jesus! durch deine Todesangst, durch deinen blutigen Schweiß und durch deinen Tod bitte ich dich, befreie mich vom jähen und unversehenen Tode. O mildester Jesus! durch deine grausame und schmachvolle Geißelung, durch dein Kreuz und bitteres Leiden und durch deine Güte bitte ich dich, gestatte nicht, daß ich jäh dahinsterbe und ohne die heiligen Sakramente von dieser Welt scheide.

O mein geliebtester Jesus, mein Herr und Gott! durch alle deine Mühen und Schmerzen, durch dein kostbares Blut, durch deine heiligsten Wunden und diese deine letzten Worte am Kreuze: „Mein Gott, mein

Gott, warum hast du mich verlassen!" und: „Vater in deine Hände befehle ich meinen Geist!" – bitte ich dich inständigst, mich vor einem jähen Tode zu bewahren. Deine Hände, o mein Erlöser, haben ganz und gar mich so gemacht und gestaltet; lasse doch nicht zu, daß ich unversehens vom Tode überrascht werde. Ich bitte dich demütigst, schenke mir Zeit zur Buße; verleihe mir einen glückseligen Hingang in deiner Gnade, damit ich von ganzem Herzen dich lieben, loben und preisen könne in Ewigkeit. Amen.

Fünf Vater unser und **drei Ave Maria** zu Ehren des Leidens Jesu Christi – dann **drei Ave Maria** zu Ehren der schmerzhaften Mutter.
Ablaß von 100 Tagen, jedesmal (Dekret vom 2. März 1816)

GLAUBE, HOFFNUNG UND LIEBE

O mein Gott! ich glaube festiglich alles, was du uns durch deine heilige katholische Kirche zu glauben lehrst, weil du, die ewige unfehlbare Wahrheit, solches geoffenbart hast.

O mein Gott! ich hoffe um der Verdienste Jesu Christi willen von dir Verzeihung meiner Sünden, deine Gnade und das ewige Leben zu erlangen, weil du, allmächtiger, barmherziger und getreuer Gott, solches versprochen hast.

O mein Gott! ich liebe dich von ganzem Herzen und über alles, weil du mein bester Vater und das höchste liebenswürdigste Gut bist. Deinetwegen liebe ich auch meinen Nächsten, Freund oder Feind, wie mich selber. Amen.
7 Jahre und 280 Tage Ablaß; monatlich vollkommener Ablaß. **Vollkommener Ablaß in der Todesstunde,** wenn man die drei göttlichen Tugenden häufig im Leben erweckt hat. Eine bestimmte Formel ist nicht vorgeschrieben. (Dekr. vom 28. Januar 1756).

GEBET ZU MARIA

Des Morgens. Gegrüßet seist du Königin, Mutter der Barmherzigkeit, unser Leben, unsere Süßigkeit und unsere Hoffnung sei gegrüßt! Zu dir rufen wir verbannte Kinder Evas; zu dir seufzen wir trauernd und weinend in diesem Tal der Tränen. Wohlan denn, unsere Fürsprecherin, wende deine barmherzigen Augen zu uns und zeige uns nach diesem Elende Jesum, die gebenedeite Frucht deines Leibes: o gütige, o milde, o süße Jungfrau Maria!

V: Würdige mich, zu loben dich, geheiligte Jungfrau.
R: Gib mir Kraft wider deine Feinde.
V: Gebenedeit sei Gott in seinen Heiligen.
R: Amen.

Des Abends. Unter deinen Schutz und Schirm fliehen wir, o heilige Gottesgebärerin; verschmähe nicht unser Gebet in unseren Nöten, sondern erlöse uns jederzeit von allen Gefahren, o du glorwürdige und gebenedeite Jungfrau!

V: Würdige mich, ... (wie oben).

Alle, welche in der Absicht für die der Mutter Gottes und den Heiligen zugefügten Unbilden Abbitte und Sühne zu leisten und die Verehrung ihrer heiligen Bilder zu befördern, morgens das **Gegrüßet seist du Königin**... und abends das **Unter deinen Schutz und Schirm**... nebst den beigefügten V. und R. beten, können nachstehende Ablässe gewinnen:
100 Tage an jedem Wochentage, 7 Jahre und 7mal 40 Tage an jedem Sonntage; 2mal monatlich an zwei frei zu wählenden Sonntagen einen vollkommenen Ablaß, vollkommenen Ablaß an allen Muttergottes-Festen und auf Allerheiligen.
Vollkommenen Ablaß in der Todesstunde. (Pius VI. Dekr. vom 5. April 1786)

Das Gegrüßet seist du Königin... (allein) oder das **Unter deinen Schutz**... hat **keinen** Ablaß.

ZUM HEILIGEN SCHUTZENGEL

O Engel Gottes, der du mein Beschützer bist, dem ich durch Gottes Güte bin anvertraut worden, erleuchte, beschütze, regiere und leite mich. Amen.
(100 Tage, vollkommener Ablaß in der Todesstunde, wenn man es oft im Leben gebetet hat, Breve vom 2. Oktober 1795)

ERGEBUNG IN DEN GÖTTLICHEN WILLEN

Es geschehe, es werde gelobt und ewig gepriesen der gerechteste, höchste und liebenswürdigste Wille Gottes in allem.
(100 Tage einmal täglich. Vollkommener Ablaß in der Todesstunde, wenn man es oft im Leben gesprochen. (Dekr. vom 19. Mai 1818)

DIE HEILIGSTEN NAMEN JESUS UND MARIA

Ablaß von 25 Tagen so oft man die heiligsten Namen **Jesus** und **Maria** andächtig und reumütig anruft, **vollkommener Ablaß in der Todesstunde,** wenn man die heiligsten Namen Jesus und Maria im Leben oft und andächtig ausgesprochen und dieselben in der letzten Stunde reumütig mit dem Munde oder wenigstens im Herzen anruft.
(Bulle Redituri vom 19. Juli 1587).

GEISTLICHE KOMMUNION
(Öfters zu üben)

Anbetungswürdigster Jesu! ich glaube fest, daß du in dem allerheiligsten Sakramente des Altars wesentlich zugegen bist. Ich liebe dich über alles. Aus Liebe zu dir bereue ich alle meine Sünden. In Ewigkeit will ich nicht mehr sündigen. Meine Seele verlangt, dich zu empfangen. Weil ich dich aber jetzt wesentlich nicht empfangen kann, so komme geistiger Weise und kehre mit deiner Gnade in mein Herz ein. (Erwecke hier die

Begierde, Jesum im allerheiligsten Sakramente zu empfangen.)
Ich umarme dich, o Jesus, als schon wirklich gegenwärtig. Ich vereinige
mich ganz mit dir. Lasse nicht zu, daß ich mich jemals von dir trenne!
Amen.

GEISTLICHES TESTAMENT
(Von Gesunden und Kranken zu sprechen)

Zu den Füßen deiner göttlichen Majestät falle ich demütig nieder, o
allerglorwürdigste Dreifaltigkeit, und begehre aus reifer Überlegung
mein Testament zu machen und dir meinen letzten Willen zu erklären.

Ich bezeuge hier vor dir und allen Heiligen, daß ich im wahren
katholischen Glauben zu leben und zu sterben begehre und lieber mein
Leben lassen, als einen Artikel dieses wahren katholischen Glaubens
leugnen will.

In der Form eines rechtmäßigen Testamentes vermache ich dir, o Gott,
meinen Leib und meine Seele und übergebe mich dir in Kraft dieser
Erklärung völlig zu eigen. Nach deinem göttlichen Willen begehre ich
die übrige Zeit meines Lebens zu verwenden und in deinem heiligen
Dienste mein zeitliches Leben zu endigen.

Es reuet mich herzlich, daß ich deine höchste Güte jemals beleidigt habe,
und ich wollte gern mein Leben hingeben, wenn ich machen könnte, daß
ich dich nimmer erzürnt hätte. Zur Verzeihung meiner Sünden opfere
ich dir auf das Leiden und Sterben Jesu Christi, und zur Genugtuung
meiner Schulden opfere ich dir auf die Verdienste meines Heilandes und
aller deiner Heiligen und Auserwählten.

Ich bin bereit zu sterben, wo und wann es dir gefällig ist, und wollte
lieber jetzt sterben, als wider deinen Willen noch eine Stunde leben. Ich
erwähle mir keine Todesart, sondern bin bereit, eines solchen Todes zu
sterben, wie du ihn mir zuschicken wirst, und will gern die Leiden
meines Todeskampfes wie auch den Tod selbst aus deiner Hand
annehmen als Buße für meine Sünden. Dies allein bitte ich, daß ich in

deiner Gnade sterben und den schweren Anfechtungen im letzten Streite nicht erliegen möge.

Ich verlange auch, vor meinem Ende die heiligen Sakramente würdig zu empfangen und die heiligen Ablässe zu gewinnen.

Meine letzte Speise möge sein das Allerheiligste Sakrament des Altars und meine letzten Worte sollen sein: Jesus, Maria!
Meine letzte Liebe soll zu dir, meinem Gott, gerichtet sein, und mein letzter Seufzer soll dringen in das verwundete Herz Jesu. Amen.

Zur Beachtung der Leser!

Wir finden uns veranlaßt, das auf Seite 23 Gesagte einzuschärfen.
Also: An **Sonn- und Feiertagen** müssen aus den gesperrten Gemeinden alle, welche **in der Nachbarschaft einer hl. Messe beiwohnen können,** die heilige Messe in der Nachbarschaft hören und **dürfen sich nicht mit dem Laiengottesdienst begnügen.**
Der Laiengottesdienst genügt bloß für diejenigen, welche keiner Messe beiwohnen können.

89

Zeitfracht Medien GmbH
Ferdinand-Jühlke-Straße 7
99095 Erfurt, Deutschland
produktsicherheit@kolibri360.de